高等职业教育“十三五”创新型规划教材

《财务会计（第二版）》习题册

主编 常茹

中国财经出版传媒集团
经济科学出版社
Economic Science Press

图书在版编目（CIP）数据

《财务会计（第二版）》习题册/常茹主编．—北京：经济科学出版社，2019.1（2020.1重印）
高等职业教育“十三五”创新型规划教材
ISBN 978－7－5218－0172－9

Ⅰ.①财… Ⅱ.①常… Ⅲ.①财务会计－高等职业教育－习题集 Ⅳ.①F234.4－44

中国版本图书馆CIP数据核字（2019）第011536号

责任编辑：于海汛
责任校对：蒋子明
责任印制：李 鹏

《财务会计（第二版）》习题册
主 编 常 茹
经济科学出版社出版、发行 新华书店经销
社址：北京市海淀区阜成路甲28号 邮编：100142
总编部电话：010－88191217 发行部电话：010－88191522
网址：www.esp.com.cn
电子邮件：esp@esp.com.cn
天猫网店：经济科学出版社旗舰店
网址：http://jjkxcbs.tmall.com
北京密兴印刷有限公司印装
787×1092 16开 7印张 180000字
2019年1月第2版 2020年1月第2次印刷
印数：4501—7500册
ISBN 978－7－5218－0172－9 定价：18.00元

前言

《〈财务会计（第二版）〉习题册》是高职高专财务会计类《财务会计（第二版）》教材的配套演练习题集。本习题册的练习是财务会计教学的重要环节。本习题册旨在帮助《财务会计（第二版）》教材使用者巩固和消化所学的知识点，提高分析问题和思考问题的能力，将教材理论与实际演练紧密结合，达到良好的学习效果。

《〈财务会计（第二版）〉习题册》根据《财务会计（第二版）》教材内容的不同设计，分别设置了相应的，适合各项目、不同模块、多个情境演练的不同题型。题目设计灵活、多样，难度由简入深，涵盖了《财务会计（第二版）》教材的基本知识点、重点和难点的体系知识构架。题目设计全面，包括单项选择题、多项选择题、判断题、填空题、简答题、实训题、计算题、业务题等。

《〈财务会计（第二版）〉习题册》由陕西财经职业技术学院常茹主编，全书共分为8个项目的习题，项目一由常茹编写，项目二中模块一、二、三及项目八由曹纳编写，项目二中模块四、五由井洁琳编写，项目二中模块六、七及项目六、七由余小花编写，项目三、四、五由高巧利编写。整本习题册由常茹负责总体构架设计、修改、补充、定稿。

本习题册在编写过程中参阅了大量教材资料和文献资料，在此谨向有关教材及资料的作者致以诚挚的谢意。由于编者理论水平有限，书中出现不足或错误在所难免，敬请读者指正。

编　者

2018 年 12 月

目　录

项目一　财务会计总论

一、单项选择题

1. 下列各会计要素，（　　）不是反映财务状况的会计要素。

A. 资产　　B. 负债　　C. 收入　　D. 所有者权益

2. 下列各会计要素，（　　）不属于所有者权益。

A. 资本公积金　　B. 盈余公积　　C. 未分配利润　　D. 累计折旧

3. 关于会计的说法错误的是（　　）。

A. 会计是一项经济管理活动

B. 会计的主要职能是核算和监督

C. 会计的对象是能够以货币表现的经济活动

D. 货币是会计唯一计量单位

4. 下列各项中符合谨慎性原则要求的是（　　）。

A. 不高估资产　　B. 利润估计时从高

C. 不预计任何可能发生的收益　　D. 负债估计时从高

5. 投资人投入的资金和债权人投入的资金，投入企业后，形成企业的（　　）。

A. 成本　　B. 费用　　C. 资产　　D. 负债

6. 下列经济业务中，（　　）不会发生。

A. 资产增加，权益增加　　B. 资产减少，权益增加

C. 权益不变，资产有增有减　　D. 资产不变，权益有增有减

7. 下列项目中，不属于资产要素的是（　　）。

A. 应收账款　　B. 预收账款　　C. 企业债券　　D. 专利权

8. 负债是指由于过去交易或事项所引起的企业的（　　）。

A. 过去义务　　B. 现时义务　　C. 将来义务　　D. 永久义务

9. 下列项目中，不属于收入范围的是（　　）。

A. 商品销售收入　　B. 劳务收入　　C. 租金收入　　D. 代收款项

10. 在会计核算的基本前提中，界定会计工作和会计信息的空间范围的是（　　）。

A. 会计主体　　B. 持续经营　　C. 会计期间　　D. 货币计量

二、多项选择题

1. 财务报告使用者主要包括（　　）。

A. 投资者　　B. 债权人　　C. 政府　　D. 社会公众

2. 资产确认应满足的条件有（　　）。

A. 预期会给企业带来经济利益　　B. 为企业拥有或者控制的资源

C. 必须是具有实物形态的　　D. 必须是可用货币计量的

3. 下列项目中，属于所有者权益的有（　　）。

A. 本年利润　　B. 资本公积　　C. 利润分配　　D. 盈余公积

4. 收入具有的特征有（　　）。

A. 收入是企业在日常活动中形成的

B. 收入会导致所有者权益的增加

C. 收入包括向第三方代收的各类款项

D. 收入是与所有者投入资本无关的经济利益的总流入

5. 下列会计核算方法中体现谨慎性原则的有（　　）。

A. 固定资产的加速折旧法

B. 应收账款坏账核算的备抵法

C. 对无形资产期末进行减值测试

D. 预计很可能发生的售后维修费用

三、判断题

1. 财务会计的目标之一，是对外提供有用的会计信息。（　　）

2. 会计只能以货币作为计量单位。（　　）

3. 负债是过去的交易或事项所引起的潜在义务。（　　）

4. 法律主体一般是会计主体，但会计主体不一定是法律主体。（　　）

5. 历史成本原则是指各项财产物资应当按取得时的实际成本计价，物价变动时不得调整其账面价值。（　　）

6. 企业只能编制一借一贷、一借多贷、多借一贷的会计分录，而不能编制多借多贷的会计分录。（　　）

7. 持续经营是指企业能持续不断地经营下去，因而它仅仅是一项会计假设，缺乏客观存在的基础。（　　）

8. 我国会计年度自公历1月1日起至12月31日止。（　　）

9. 收入能够导致企业所有者权益增加，但导致所有者权益增加的不一定都是收入。（　　）

四、填空题

1. 会计基本假设包括________、________、________和________。

2. 企业会计的确认、计量和报告应当以________为基础。

3. 会计要素按照其性质分为________、________、________、________、________和________。

4. 会计要素的计量属性主要包括________、________、________、________和________等。

5. ________要求企业应当按照交易或者事项的经济实质进行会计确认、计量和报告，不仅仅以交易或者事项的法律形式为依据。

五、简答题

1. 简述企业财务会计的作用。
2. 简述企业会计准则体系。

六、实训题

1. 实训目的：掌握网上查阅会计资料的技能。
2. 实训资料：企业会计准则。
3. 实训要求：通过上网，查找新的企业会计准则，选择一项具体会计准则并摘录其基本内容，在班中进行交流。

项目二 资　　产

模块一 货币资金

一、单项选择题

1. 从本企业的现金收入中直接支付有关支出，称为（　　）。
   A. 坐支　B. 白条顶库　C. 保留账外公款　D. 设置“小金库”
2. 企业办理日常转账结算和现金收付的银行账户是（　　）。
   A. 一般存款账户　B. 基本存款账户　C. 临时存款账户　D. 专用存款账户
3. 企业开立的一般存款账户不能办理的业务是（　　）。
   A. 现金支取　B. 转账收入　C. 转账支出　D. 现金缴存
4. 商业汇票承兑期限最长不超过（　　）。
   A. 10 天　B. 1 个月　C. 2 个月　D. 6 个月
5. 若企业签发空头支票，持票人有权要求出票人赔偿，赔偿金额为支票金额的（　　）。
   A. 2%　B. 5%　C. 10%　D. 15%
6. 下列事项中，适用于托收承付结算的是（　　）。
   A. 代销产品的款项　B. 寄销商品的款项
   C. 赊销商品的款项　D. 因商品交易而产生的款项
7. 托收承付结算方式，验单付款的承付期是（　　）。
   A. 3 天　B. 10 天　C. 15 天　D. 30 天
8. 企业购买设备采用汇兑结算方式，支付的银行汇兑手续费应当计入（　　）。
   A. 管理费用　B. 财务费用　C. 销售费用　D. 其他业务成本
9. 仅适用于用同城结算的方式是（　　）。
   A. 银行汇票结算方式　B. 委托收款结算方式
   C. 银行本票结算方式　D. 商业汇票结算方式
10. 企业用银行汇票购买材料时，应贷记（　　）。
    A. 银行存款　B. 现金　C. 其他应收款　D. 其他货币资金
11. 除新华书店系统外，托收承付结算的每笔金额起点是（　　）元。
    A. 5 000　B. 10 000　C. 50 000　D. 100 000

12. 下列结算方式中，需要通过“其他货币资金”账户核算的是（　　）。

A. 支票　B. 汇兑　C. 托收承付　D. 银行汇票

13. 若银行承兑汇票到期不能支付，企业应将“应付票据”账面余额转入（　　）。

A. “短期借款”账户　B. “应付账款”账户

C. “其他应付款”账户　D. “坏账准备”账户

14. 为了保证现金账实相符，应对库存现金进行定期或不定期的盘点清查。库存现金清查的主要方法是（　　）。

A. 实地盘点　B. 不定期清查　C. 账面盘存　D. 抽样清查

15. 商业承兑汇票是由收款人或付款人签发，由（　　）承兑的票据。

A. 收款人　B. 付款人　C. 银行　D. 付款人或银行

16. 与银行对账发现有几笔支出银行已经付账，而企业尚未作付账记录，此时应（　　）。

A. 根据银行对账单逐笔编制记账凭证登记入账

B. 根据总数编制记账凭证登记入账

C. 根据企业已有凭证和银行对账单的有关数字入账

D. 待有关凭证送达后入账

17. 甲企业欲从外地采购一批材料，现向银行申请办理用于材料货款结算的银行汇票一张，在办妥汇票时应借记（　　）账户。

A. 银行存款　B. 银行汇票存款　C. 原材料　D. 其他货币资金

18. 异地托收承付结算方式适用于（　　）。

A. 异地或同城的商品交易　B. 异地或同城的劳务交易

C. 订有合同的修理劳务　D. 订有合同的商品交易

19. 银行汇票提示付款期为（　　）。

A. 5 天　B. 10 天　C. 1 个月　D. 9 个月

20. 企业所需日常零星开支用的库存现金应从（　　）中支取。

A. 一般存款户　B. 基本存款户　C. 临时存款户　D. 专用存款户

21. 企业支付的银行承兑汇票手续费应计入（　　）。

A. 财务费用　B. 管理费用　C. 销售费用　D. 其他业务支出

22. 企业下列行为中，被允许的是（　　）。

A. 由出纳人员保管全部银行预留印鉴

B. 由出纳人员兼任会计档案保管工作

C. 由出纳兼任银行存款总账登记工作

D. 由出纳登记银行存款日记账

23. 企业的下列行为符合现金管理与控制条例的是（　　）。

A. 将销售多余材料收到的现金款项支付办公室的费用

B. 定期对出纳人员进行轮岗

C. 将超库存现金限额的款项保留在企业保险柜中

D. 企业的所有发票单据均交由出纳人员保管

24. 下列业务中，能用库存现金支付的是（　　）。

A. 支付银行承兑汇票手续费 1 200 元　B. 支付办公用品购置款 870 元

C. 支付A公司购货款21 000元　　D. 支付C公司订货款3 000元

25. 对于未达账项的处理，下列说法正确的是（　　）。

A. 在编制“银行存款余额调节表”的同时入账

B. 待结算凭证到达后入账

C. 在拿到“银行对账单”后入账

D. 与银行对账后入账

26. 下列属于“其他货币资金”的是（　　）。

A. 转账支票　　B. 商业承兑汇票　　C. 银行汇票存款　　D. 银行承兑汇票

27. 企业发现现金短缺属于无法查明的其他原因，按照管理权限经批准处理时，应在（　　）科目核算。

A. 其他应收款　　B. 管理费用　　C. 其他应付款　　D. 财务费用

28. 现金长短款在查明原因后应确认损益，无法查明原因的长款和短款经批准后应分别记入的会计科目是（　　）。

A. 管理费用，管理费用　　B. 营业外收入，营业外支出

C. 营业外收入，财务费用　　D. 营业外收入，管理费用

29. 下列各项中，不通过“其他货币资金”科目核算的是（　　）。

A. 信用证存款　　B. 银行本票存款　　C. 信用卡存款　　D. 备用金

30. 按照国家《银行账户管理办法规定》，企业的工资、资金、津贴等的支取，必须通过（　　）办理。

A. 基本存款户　　B. 临时存款户　　C. 一般存款户　　D. 专用存款户

二、多项选择题

1. 根据银行现金管理的规定，下列支出能使用现金结算的有（　　）。

A. 支付给个人的劳务报酬　　B. 支付给职工的福利费用

C. 支付金额很大的材料购货款　　D. 购买90元的办公用品

E. 向个人收购农副产品的价款

2. 企业发生的下列支出中，按规定可以用现金支付的有（　　）

A. 支付职工差旅费2 000元　　B. 支付银行承兑汇票手续费100元

C. 职工报销医药费1 800元　　D. 支付购置打印机款8 500元

E. 支付购置复印纸款500元

3. 根据《银行账户管理办法》规定，单位可开设的银行账户有（　　）。

A. 基本存款账户　　B. 一般存款账户　　C. 临时存款账户　　D. 专用存款账户

4. 在商品交易款项结算中，商业汇票的承兑人可以是（　　）。

A. 付款人　　B. 收款人　　C. 销货方　　D. 银行

5. 支票按付款方式为标准可分为（　　）。

A. 划线支票　　B. 远期支票　　C. 现金支票　　D. 转账支票

E. 普通支票

6. 下列银行转账结算方式中，适用于同城结算的有（　　）。

A. 支票　　B. 银行本票　　C. 银行汇票　　D. 委托收款

7. 下列结算方法中，同城异地结算均可的有（　　）。

A. 银行本票结算方法　　B. 银行汇票结算方法

C. 委托收款结算方法　　D. 支票结算方法

E. 汇兑结算方法

8. 企业的银行存款日记账与银行对账单产生差异的原因可能有（　　）。

A. 企业或银行记账差错

B. 企业将收到的转账支票登记记入银行存款，但由于款项未到账银行尚未记收账

C. 托收贷款，银行已经收账，但收账通知还未到达企业

D. 向企业提供劳务的单位委托银行收款，银行已付款，但付款通知未到达企业

9. 现金清查中发现的现金短款，批准后可能计入的账户有（　　）。

A. 财务费用　　B. 管理费用　　C. 待处理财产损溢　D. 其他应收款

10. 下列项目中，属于未达账项的有（　　）。

A. 银行代企业支付电话费 5 400 元，并登记企业银行存款减少 5 400 元，但企业在收到银行付款通知后，将银行存款减少额登记为 3 400 元

B. 企业赊销商品，按购货协议于 60 天后收取

C. 企业将收取的转账支票送存银行，并登记银行存款增加，但银行尚未记账

D. 企业将开出转账支票，并登记银行存款减少，但收款单位尚未持票到银行办理转账，银行尚未记账

E. 银行代企业支付水费，并登记企业银行存款减少，但企业尚未收到银行付款通知，尚未记账

11. 不得办理托收承付结算的业务包括（　　）。

A. 代销商品款项　　B. 寄销商品款项

C. 赊销商品款项　　D. 订有经济合同的商品交易款项

E. 因商品交易而产生的劳务供应的款项

12. 下列既可用于转账结算，又可用于支取现金的有（　　）。

A. 普通支票　　B. 注有“现金”字样的银行本票

C. 转账支票　　D. 填有“现金”字样的银行汇票

E. 划线支票

三、判断题

1. 企业的现金收入应于当日送存开户银行。当日送存有困难的，由人民银行确定送存时间。（　　）

2. “待处理财产损溢”科目借方反映待处理财产盘盈的数额或转销已批准处理的财产物资盘亏数额，贷方反映发生的待处理财产盘亏数额或结转已批准处理的财产物资盘盈数。（　　）

3. 对于银行已经入账而企业尚未入账的未达账项，企业应当根据“银行对账单”编制自制凭证予以入账。（　　）

4. 企业银行存款的账面余额与银行对账单余额因未达账项存在差额时，应按照“银行存款余额调节表”调整银行存款日记账。（　　）

5. 现金清查中，对于无法查明原因的现金短缺，经批准后应计入营业外支出。 ( )
6. 库存现金不包括企业内部各部门周转使用、由各部门保管的定额备用金。 ( )
7. 库存现金的清查包括出纳人员每日的清点核算和清查小组定期和不定期的清查。 ( )
8. 单位之间发生购销业务，可随意选用任何一种银行结算方式进行结算。 ( )
9. 企业可通过临时存款户办理暂时性的现金收付业务。 ( )
10. 企业开立基本存款户，应取得中国人民银行批准的开户许可证。 ( )

四、业务题

1. **【目的】**练习货币资金的核算。

【资料1】2019 年 12 月 22 日，西秦股份有限公司出纳人员开出转账支票支付下一年度的广告费 12 万元。

【资料2】2019 年 3 月 17 日，西秦股份有限公司销售部门王东报销产品的促销活动费 5 000元。

【资料3】2019 年 3 月 15 日，西秦股份有限公司向银行申请办理银行汇票 60 000 元，经批准将款项交存银行，取得银行汇票。

【资料4】西秦股份有限公司持上述银行汇票外购设备一台，2019 年 4 月 9 日，收到对方单位运送来的设备，增值税发票注明设备价格为 50 000 元，增值税为 8 000 元（规定可抵扣），验收妥当后投入使用，同时，收到银行转来的银行汇票多余款收账通知，结算金额为 58 000 元，多余款 2 000 元已转存企业账户。

【资料5】2019 年 4 月 2 日，西秦股份有限公司上月清查溢余的现金 400 元，为购货单位 A 公司多付，以现金退回。

【资料6】2019 年 4 月 15 日，西秦股份有限公司销售甲产品给 B 公司，增值税发票注明价款为 30 万元，增值税为 4. 8 万元，收到 B 公司交来的银行汇票，出纳填写进账单，已到银行办理好进账手续。

【资料7】2019 年 4 月 17 日，西秦股份有限公司收到销售单位 C 公司转来的增值税发票，注明所购材料生铁的价款为 50 万元，增值税为 8 万元，采用电汇结算方式，出纳人员到银行汇出 58. 0 万元，材料已验收入库，单位采用实际成本计价材料。

【资料8】2019 年 4 月 30 日，西秦股份有限公司现金清查结果为短款 30 元，暂未查明原因。

【要求】根据以上经济业务编制相关会计分录。

2. 【目的】练习编制银行存款余额调节表。

【资料】西秦股份有限公司 2019 年 7 月 31 日银行存款的账面余额为 895 000 元，开户银行送来对账单，其银行存款余额为 889 000 元。经查对，发现有以下几笔未达账项：

（1）7 月 30 日，委托银行收款 60 000 元，银行已收入企业银行存款户，收款通知尚未送达。

（2）7 月 30 日，企业开出现金支票一张，计 3 600 元，企业已减少银行存款，银行尚未记账。

（3）7 月 31 日，银行为企业支付电费 1 000 元，银行已入账，减少企业存款，企业尚未记账。

（4）7 月 31 日，企业收到外单位转账支票一张，计 68 600 元，企业已收账，银行尚未记账。

【要求】根据上述资料，编制银行存款余额调节表，确立企业月末实际可用的银行存款余额：

银行存款余额调节表

2019 年 7 月 31 日　　单位：元

项目	金额	项目	金额
企业账面存款余额		银行对账单余额	
加：		加：	
减：		减：	
调节后余额		调节后余额	

3. 【目的】练习货币资金业务综合题的核算。

【资料】以下是西秦股份有限公司 2019 年 11 月的经济业务：

（1）签发现金支票向银行提取现金 1 500 元，以备零星支出。

（2）采购员张林出差，预借差旅费 500 元。

（3）行政部门报销办公用品 45 元，用现金支付。

（4）收到海天公司交来出租包装物押金 30 元。

（5）采购员李明出差归来，报销差旅费 430 元，并交回余额 70 元，结清预借款。

（6）盘点库存现金发现短缺 100 元。经查明，上述现金短缺由出纳人员王梅赔偿，款项尚未收到。

【要求】根据上述资料，编制以上经济业务的会计分录。

4. **【目的】**练习银行存款的收、付业务的核算。

【资料】西秦股份有限公司 2019 年 7 月发生有关银行存款的收、付业务如下（增值税率 16%）：

（1）销售 A 产品 100 件，售价每件 150 元，货款已由银行划入本企业账户。

（2）采购员在外地采购，以外埠存款支付材料款 9 500 元。

（3）销售 B 产品 200 件，每件售价 100 元，对方单位出具商业承兑汇票。约定 3 个月到期后付款。

（4）上月签发的银行汇票存款 3 000 元，因未能采购到所需物资申请退款。银行同意并退回款项。

（5）因到广州采购需要，委托银行汇出存款 45 000 元，在广州工商行开立临时存款账户。

（6）从科海工厂采购材料一批，计价 40 000 元，开出付款期半年的商业承兑汇票结算材料货款。

（7）收到购货单位送来支付其所欠货款 1 000 元的转账支票一张，已存入银行。

【要求】根据以上经济业务编制会计分录。

模块二　交易性金融资产

一、单项选择题

1. 企业对于交易性金融资产的后续计量属性应采用（　　）。

A. 成本法　　B. 公允价值　　C. 历史成本　　D. 权益法

2. 2019 年 2 月 2 日，甲公司支付 830 万元取得一项股权投资作为交易性金融资产核算，支付价款中包括已宣告尚未领取的现金股利 20 万元，另支付交易费用 5 万元，取得增值税专用发票上注明的增值税为 0.3 万元。甲公司该项交易性金融资产的入账价值为（　　）万元。

A. 810　　B. 815　　C. 830　　D. 835

3. 甲公司 2019 年 3 月 2 日从证券市场上购入乙公司发行在外的股票 100 万股作为交易性金融资产，每股价格 5 元（含已宣告但尚未发放的现金股利 1 元），另支付相关费用 8 万元，增值税 0.48 万元。甲公司取得的该项金融资产的入账价值为（　　）万元。

A. 408　　B. 400　　C. 500　　D. 508

4. 甲公司 2019 年 11 月 3 日从证券市场上购入乙公司发行在外的股票 200 万股作为交易性金融资产，每股价格 5 元，另支付相关费用 20 万元，增值税 1.2 万元。2019 年 12 月 31 日，该股票的公允价值为 1 050 万元。甲公司 2019 年 12 月 31 日应确认的公允价值变动损益为（　　）万元。

A. 50　　B. 30　　C. 20　　D. 80

5. 某股份有限公司于 2019 年 2 月 29 日以每股 6 元（包含已宣告尚未发放的现金股利 0.25 元）的价格购入某上市公司股票 25 万股，作为交易性金融资产核算。购买该股票支付手续费等 5 万元，增值税 0.3 万元。5 月 25 日，收到该上市公司按每股 0.25 元发放的现金股利。12 月 31 日该股票的市价为每股 5.5 元。2019 年 12 月 31 日该股票投资的账面价值为（　　）万元。

A. 125　　B. 137.5　　C. 150　　D. 143.75

6. 企业出售交易性金融资产时，应按实际收到的金额，借记“银行存款”科目，按该金融资产的成本，贷记“交易性金融资产（成本）”科目，按该项交易性金融资产的公允价值变动，贷记或借记“交易性金融资产（公允价值变动）”科目，按其差额，贷记或借记（　　）。

A. “公允价值变动损益”科目　　B. “资本公积”科目

C. “投资收益”科目　　D. “营业外收入”科目

7. 企业取得为交易目的而持有、准备近期出售的交易性金融资产而发生的相关交易费用，应记入的账户是（　　）。

A. “交易性金融资产”　　B. “投资收益”的贷方

C. “投资收益”的借方　　D. “财务费用”

8. 购入股票实际支付款额中包括已宣告但未发放的股利，应借记（　　）账户。

A. “其他应付款”　B. “应收股利”　C. “短期投资”　D. “其他应收款”

9. 一般纳税人取得交易性金融资产所支付相关交易费用时，涉及支付的增值税应计入（　　）。

A. “交易性金融资产”的成本

B. “投资收益”的借方

C. “应交税费——应交增值税（进项税额）”

D. “财务费用”

10. 企业从二级市场购入某公司发行的普通股股票，并准备以赚取差价为目的，所购入的股票中含有已宣告发放但尚未支付的现金股利 30 000 元，该股利应通过（　　）核算。

A. 交易性金融资产　　B. 投资收益

C. 应收股利　　D. 营业外收入

11. 企业取得的交易性金融资产在某一资产负债表日升值了 6 000 元，应计入（　　）。

A. 公允价值变动损益　　B. 投资收益

C. 资本公积　　D. 盈余公积

12. 某公司于 2019 年 3 月 5 日从证券市场购入甲公司股票 150 000 股，每股价格为 11 元，支付交易费用 10 000 元，增值税 600 元。3 月 31 日，甲公司股票收盘价格为 12 元，该公司决定继续持有，但持有时间不超过半年。2019 年 3 月 31 日该公司正确的会计处理是（　　）。

A. 借：应收股利　　150 000
　　贷：投资收益　　150 000

B. 借：交易性金融资产——公允价值变动　　140 000
　　贷：公允价值变动损益　　140 000

C. 借：交易性金融资产——公允价值变动　　150 000
　　贷：投资收益　　150 000

D. 借：交易性金融资产——公允价值变动　　150 000
　　贷：公允价值变动损益　　150 000

13. 2019 年 5 月 10 日以 830 万元（含已宣告但尚未领取的现金股利 30 万元）购入乙公司股票 200 万股作为交易性金融资产，另支付手续费 4 万元，增值税 0.24 万元。5 月 30 日，甲公司收到现金股利 30 万元。6 月 30 日乙公司股票每股市价为 3.6 元。7 月 20 日，甲公司以 920 万元出售该项交易性金融资产，同时支付交易费用 5 万元，增值税 0.3 万元。甲公司因持有该项交易性金融资产而影响损益的金额为（　　）万元。

A. 111　　B. 115.3　　C. 151　　D. 155

14. 甲公司 2019 年 7 月 1 日购入乙公司 2019 年 1 月 1 日发行的债券，支付价款为 2 100 万元（含已到付息期但尚未领取的债券利息 40 万元），另支付交易费用 15 万元，增值税 0.9 万元。该债券面值为 2 000 万元。票面年利率为 4%（票面利率等于实际利率），每半年付息一次，甲公司将其划分为交易性金融资产。甲公司 2019 年度该项交易性金融资产应确认的投资收益为（　　）万元。

A. 25　　B. 40　　C. 65　　D. 80

二、多项选择题

1. 金融资产可以分为以下几类（　　）。

A. 以摊余成本计量的金融资产

B. 应收账款

C. 以公允价值计量且变动计入其他综合收益的金融资产

D. 以公允价值计量且其变动计入当期损益的金融资产

2. 交易性金融资产包括（　　）项目。

A. 应收账款　　B. 基金投资　　C. 股票投资　　D. 债券投资

3. 下列各项中，不应计入交易性金融资产的入账价值的有（　　）。

A. 支付的手续费　　B. 支付的印花税

C. 取得时交易性金融资产的公允价值　　D. 已宣告但尚未发放的现金股利

4. 下列项目中可以作为交易性金融资产的有（　　）。

A. 企业以赚取差价为目的从二级市场购入的股票

B. 企业以赚取差价为目的从二级市场购入的债券

C. 企业以赚取差价为目的从二级市场购入的基金

D. 到期日固定、回收金额固定或可确定，且企业有明确意图和能力持有至到期的非衍生金融资产

E. 企业赊销产品确认的应收款项

三、判断题

1. 资产负债表日，"交易性金融资产"科目的账户余额是交易性金融资产的取得成本。（　　）

2. "公允价值变动损益"科目核算企业为交易目的持有的债券投资、股票投资、基金投资、权证投资等交易性金融资产的公允价值。（　　）

3. 期末交易性金融资产公允价值变动的金额计入投资收益账户。（　　）

4. 取得交易性金融资产所支付价款中包含了已宣告但尚未发放的债券利息记入"交易性金融资产"的成本。（　　）

5. 企业为取得交易性金融资产发生的交易费用应计入交易性金融资产初始确认金额。（　　）

6. 企业持有交易性金融资产期间对于被投资单位发放的现金股利于收到股利时确认为投资收益。（　　）

7. 交易性金融资产在初始确认时应按其公允价值计量，交易费用则直接计入当期损益。（　　）

8. 交易性金融资产的公允价值变动应通过"投资收益"进行核算。（　　）

四、业务题

1. **【目的】**练习交易性金融资产的核算。

【资料】（1）2018 年 11 月 8 日，西秦股份有限公司以赚取差价为目的从二级市场购入 A 公司 8 万股面值为 6.4 元的股票，并将其划分为交易性金融资产。购买时还支付了手续费等共计 5 000 元，增值税 300 元。

（2）2018 年 12 月 31 日，上述股票的公允价值为 7 元/股。

（3）2019 年 4 月 10 日，上述 A 公司宣告发放现金股利，每股 0.2 元。

（4）2019 年 5 月 8 日，收到 A 公司发放的现金股利。

（5）2019 年 5 月 20 日，将上述 A 公司的股票出售，每股成交价为 7.3 元。同时，计算该项业务转让金融商品应缴纳的增值税。

【要求】 编制以上业务的会计分录。

2. **【目的】** 练习交易性金融资产的核算。

（1）2019 年 1 月 7 日，西秦股份有限公司从活跃市场上购入 B 公司发行的公司债券，该债券于 2018 年 1 月 1 日发行，面值为 500 万元，票面利率为 5%，债券按年支付利息，实际支付款项为 525 万元，（其中包含已宣告发放的债券利息 25 万元），企业将其划分为交易性金融资产。

（2）2019 年 2 月 4 日，收到 B 公司支付的债券利息 25 万元。

（3）2019 年 3 月 31 日，B 公司债券的公允价值为 515 万元。

（4）2019 年 4 月 30 日，B 公司债券的公允价值为 503 万元。

（5）2019 年 5 月 10 日，B 公司以 450 万元的价格将其持有的债券全部出售。同时，计算该项业务转让金融商品应缴纳的增值税。

【要求】 编制甲公司有关交易性金融资产的会计分录。

3. 【目的】练习交易性金融资产的核算。

【资料】2019 年 5 月 10 日，西秦股份有限公司以 620 万元（含已宣告但尚未领取的现金股利 20 万元）购入乙公司股票 200 万股作为交易性金融资产，另支付手续费 6 万元，增值税 0.36 万元。5 月 30 日，甲公司收到现金股利 20 万元。2019 年 6 月 30 日该股票市价为 3.2 元，2019 年 8 月 10 日，乙公司宣告分派现金股利 0.2 元，8 月 20 日，甲公司收到分派的现金股利。至 12 月 31 日甲公司仍持有该交易性金融资产，期末每股市价 3.6 元，2020 年 1 月 3 日以 630 万元出售该交易性金融资产。

【要求】

（1）根据上述业务编制会计分录。

（2）计算该交易性金融资产的累计损益。

（3）计算该项业务转让金融商品应缴纳的增值税。

模块三　应收及预付款项

一、单项选择题

1. 某企业收到 5 月 15 日签发的 90 天商业承兑汇票，票据到期日是（　　）。

A. 8 月 15 日　　B. 8 月 14 日　　C. 8 月 13 日　　D. 8 月 12 日

2. 1 月 1 日某公司销货一批，收到一张面值为 40 000 元、期限为 3 个月的商业承兑汇票，票面年利率为 6%，则该票据的到期值为（　　）元。

A. 40 600　　B. 40 100　　C. 40 010　　D. 41 200

3. 在上题中若甲企业 2 月 1 日将该票据向银行贴现，贴现率为 9%，该票据的贴现实得金额为（　　）元。

A. 39 991　　B. 36 400　　C. 39 400　　D. 39 700

4. 甲企业 2019 年 5 月 1 日从丙公司购入价款 60 000 元，增值税 9 600 元的原材料一批，甲企业开出并承兑同等金额的带息商业承兑汇票一张。该汇票期限 3 个月，年利率 6%。汇票到期后的价值为（　　）元。

A. 60 000　　B. 70 644　　C. 71 100　　D. 71 253

5. 若银行承兑汇票到期不能支付，企业应将“应付票据”账面余额转入（　　）。

A. “短期借款”账户　　B. “应付账款”账户

C. “其他应付款”账户　　D. “坏账准备”账户

6. 企业计提带息商业汇票的利息支出，应（　　）账户。

A. 借记“财务费用”　　B. 贷记“财务费用”

C. 贷记“管理费用”　　D. 贷记“其他业务收入”

7. 在下列项目中，属于应收账款核算范围的是（　　）。

A. 职工借款

B. 采购员出差预借差旅费

C. 因商品交易而发生的应收商品价款和代垫运费款项

D. 支付给供货单位的包装物押金

8. 下列事项中，应通过“应收账款”账户核算的是（　　）。

A. 应收保险公司的赔款　　B. 应收出租包装物的押金

C. 应向职工收取的各种垫付款项　　D. 应向购货方收取的货款

9. 为了鼓励购买者多买而在价格上给予的一定折扣称为（　　）。

A. 商业折扣　　B. 现金折扣　　C. 销售折让　　D. 削价处理

10. 企业销售甲商品一批，计价5 000元，付款条件为2/10，1/15，n/30，如果客户在第19天付款，客户应付款（　　）元。

A. 4 900　　B. 4 980　　C. 5 000　　D. 4 800

11. 工厂采购材料，合同中标明发票价格10 000元，进项税1 600元，现金折扣（1/10，n/30；不考虑增值税）；A工厂在10天内付款，享受现金折扣1 000元，则采购成本为（　　）元。

A. 10 000　　B. 11 700　　C. 10 800　　D. 9 200

12. 企业发生的现金折扣应借记（　　）账户。

A. “管理费用”　　B. “财务费用”　　C. “产品销售成本”　　D. “销售费用”

13. 对于到期未能收回的带息应收票据，收款单位应将本息转入（　　）账户处理。

A. “应收账款”　　B. “预付账款”　　C. “应付账款”　　D. “其他应收款”

14. 对于已贴现的带追索权的商业承兑汇票，承兑人和申请贴现企业的银行存款不足时，申请贴现单位在收到银行作逾期贷款处理通知时，应作的会计分录为（　　）。

A. 借：应收票据
　　贷：银行存款　　B. 借：应收账款
　　贷：应收票据

C. 借：应收账款
　　贷：短期借款　　D. 借：应收票据
　　贷：短期借款

15. 预付账款不多的企业，可以不设“预付账款”账户，而将预付的款项记入（　　）。

A. “应付账款”账户的借方　　B. “应付账款”账户的贷方

C. “应收账款”账户的借方　　D. “应收账款”账户的贷方

16. 职工因工外出，所借的差旅费应记入的账户是（　　）。

A. “管理费用”　　B. “销售费用”　　C. “其他应付款”　　D. “其他应收款”

17. 企业为了采购原材料而事先支付的款项称为（　　）。

A. 应收账款　　B. 预付账款　　C. 应付票据　　D. 其他应收款

18. “坏账准备”是用来调整（　　）账户的。

A. “管理费用”　　B. “应付账款”　　C. “应收账款”　　D. “主营业务收入”

19. 企业按规定提取的坏账准备，应记入（　　）账户。

A. “财务费用” B. “营业外支出” C. “其他业务成本” D. “资产减值损失”

20. 设置“预付账款”科目的企业，在收到材料、抵偿预付款时，应作（　　）会计分录。

A. 借：预付账款
　　贷：银行存款

B. 借：预付账款
　　贷：原材料

C. 借：材料采购
　　贷：预付账款

D. 借：原材料
　　贷：应付账款

21. 2019 年 2 月 28 日开出，期限为三个月的商业汇票，其到期日为（　　）。

A. 5 月 28 日 B. 5 月 26 日 C. 5 月 31 日 D. 5 月 30 日

22. 2019 年 3 月 15 日开出，期限为 30 天的商业汇票，其到期日为（　　）。

A. 4 月 15 日 B. 4 月 14 日 C. 4 月 16 日 D. 4 月 13 日

23. 企业年末应收账款款余额为 1 000 000 元，其他应收款 500 000 元，坏账准备为贷方余额 1 000 元，本期还发生了一笔坏账，金额为 3 000 元，按应收款项余额的 5‰计提坏账准备，则本年末应计提的坏账准备为（　　）元。

A. 5 000 B. 4 000 C. 9 500 D. 7 000

24. 企业 2019 年 4 月 12 日销售一批产品，售价为 30 万元，协定的现金折扣条件为 8/10，5/20，n/30，适用的增值税税率为 16%（折扣不涉及税金）。企业于 2019 年 4 月 25 日收到款项时，应给予客户的折扣额为（　　）元。

A. 24 000 B. 28 080 C. 15 000 D. 17 400

25. 上题中，假设折扣涉及税金，企业于 2019 年 4 月 25 日收到款项时，应给予客户的折扣额为（　　）元。

A. 24 000 B. 28 080 C. 15 000 D. 17 400

26. 2019 年 4 月 10 日，企业持一张带息票据到银行贴现，票据的面值为 20 万元，已计算入账的利息为 3 000 元，尚未计提利息为 1 000 元，银行贴现息为 1 200 元。则该票据贴现时计入财务费用的金额为（　　）元。

A. 1 200 B. －200 C. 200 D. －1 800

27. 下列应收、暂付款项中，不通过“其他应收款”核算的是（　　）。

A. 应收保险公司的赔款 B. 应收出租包装物的押金

C. 应向购货单位收取的代垫运费 D. 职工出差暂借的差旅费

28. 某企业于 2019 年 5 月 2 日将 3 月 23 日开出并承兑的 6 个月商业汇票到银行贴现，票据面值为 100 000 元、票面利率为 10%，银行贴现率为 12%，则该企业贴现净额为（　　）元。

A. 99 995 B. 104 720 C. 99 960 D. 99 890

二、多项选择题

1. 企业销货时取得一张兑付期为 3 个月的商业承兑汇票，在汇票到期收妥款项时所做的分录为（　　）。

A. 借：银行存款 B. 贷：销售收入 C. 贷：应收账款 D. 贷：应收票据

2. 某企业收到不带息商业承兑汇票一张，票面金额30 000元，期限为3个月，票据到期后，付款单位未能兑现，企业则应做（　　）的账务处理。

A. 借记应收账款30 000元

B. 借记应收账款30 600元

C. 贷记应收票据30 000元

D. 贷记应收票据30 600元，财务费用300元

3. 下面是一些票据贴现的公式，其中正确的有（　　）。

A. 贴现息 = 票据到期值 × 贴现率 × 贴现期

B. 贴现实收金额 = 票据到期值 − 贴现息

C. 贴现实收金额 = 票据到期值（1 − 贴现率 × 贴现期）

D. 贴现利息 = 面值 × 利率 × 期限

4. 在我国会计实务中，作为应收票据核算的票据有（　　）。

A. 支票　B. 银行汇票　C. 商业承兑汇票　D. 银行承兑汇票

5. 带息商业汇票到期值的计算与（　　）有关。

A. 票据面值　B. 票面利率　C. 票据期限　D. 贴现率

6. 商业承兑汇票的签发人可以是（　　）。

A. 购货单位　B. 销售单位　C. 购货单位开户行　D. 销货单位开户行

7. 按现行企业会计制度规定，不能通过“应收票据”及“应付票据”核算的票据包括（　　）。

A. 转账支票　B. 商业汇票　C. 银行汇票　D. 银行本票

8. 应收账款包括下列各种应收款项（　　）。

A. 销售商品应收的货款　B. 职工预借的差旅费

C. 提供劳务应收的账款　D. 应收铁路部门的赔款

9. 下列属于其他应收款项的有（　　）。

A. 备用金　B. 暂付款　C. 存出保证金　D. 应收的罚款

10. 下列各项中，应记入“坏账准备”账户贷方的有（　　）。

A. 按规定提取的坏账准备　B. 已发生的坏账

C. 冲销多提的坏账准备　D. 收回过去确认并转销的坏账

11. “坏账准备”科目的余额（　　）。

A. 可能在借方　B. 可能在贷方　C. 可能等于0　D. 一定在贷方

12. 企业可以计提坏账准备的项目是（　　）。

A. 应收账款　B. 应收票据　C. 其他应收款　D. 预付账款

13. 按现行企业会计制度规定，下列各项应收款项中，不能全额计提坏账准备的有（　　）。

A. 当年发生的应收款项

B. 计划对应收款项进行重组

C. 与关联方发生的应收款项

D. 其他已逾期，但无确凿证据证明不能收回的应收款项

三、判断题

1. 企业收到承兑的商业汇票，无论是否带息，均按票据的票面价值入账。 ( )

2. 带息应收票据到期时，若付款人无力支付票款，企业应按票据的账面余额转入“应收账款”账户核算，期末不再计提利息。 ( )

3. 已确认为坏账的应收账款，意味着企业放弃了其追索权。 ( )

4. 企业无息票据贴现所得净额一定小于票据票面价值，而带息票据贴现所得净额则不一定小于票据票面价值。 ( )

5. 在进行带息应收票据贴现核算时，应将其贴现利息直接计入当期损益。 ( )

6. 无论企业收到的应收票据是否带息，均应按到期值入账。 ( )

7. 某企业销售一笔金额为15万元的货物，规定销货的现金折扣条件为2/20，n/30，购货单位于第15天付款，该企业实际收到的款项金额为14.8万元。 ( )

8. 企业行政管理人员出差归来报销差旅费950元，并退回多余预借款5元，则，应记入“其他应收款”贷方金额是950元。 ( )

9. 预付账款可以在“应付账款”账户核算，因此，预付账款应作为企业的一项负债。 ( )

10. 因债务人逾期未履行偿债义务且具有明显特征无法收回的应收账款可列入坏账损失。 ( )

11. 某商业汇票的出票日为5月9日，票据期限为90天，则到期日为8月9日。 ( )

12. 企业持未到期的商业汇票进行贴现，所得的贴现净额一定小于票据面值。 ( )

13. 应收票据、应收账款及预收账款都属于企业的债权。 ( )

14. 企业的应收款项存在收不回的风险，依据谨慎性原则应对应收款项计提坏账准备。 ( )

四、业务题

【目的】 练习商业汇票取得的相关核算。

【资料】 1. 2019年4月30日，西秦股份有限公司销售一批A产品给甲公司，货已发出，专用增值税发票注明价款为60万元，增值税为9.6万元，收到对方公司开来的商业承兑汇票一张，面值为69.6万元，利率为3%，期限为3个月。

2. 上述票据到期前，委托银行收款，到期日，收到银行转来的收账通知，款项已收到。

3. 2019 年 12 月 3 日，西秦股份有限公司持一张出票日为 10 月 8 日，3 个月期限，面值为 50 万元的不带息商业承兑汇票到开户行申请贴现。银行审核后同意贴现，贴现率为 8%，并将贴现净额转存入企业的账户。

4. 上述票据到期，对方无力支付货款，银行退回商业承兑汇票，并从账户中扣回票据款项。

5. 2019 年 12 月 20 日，西秦股份有限公司持一张出票日为 10 月 13 日，3 个月期限，面值为 20 万元，利率为 6% 的银行承兑汇票到开户行申请贴现。银行审核后同意贴现，贴现率为 8%，并将贴现净额转存入企业的账户。

6. 西秦股份有限公司于2019年2月10日收到彩虹公司交来的，面值为30万元的无息银行承兑汇票一张用以偿还前欠货款。

7. 西秦股份有限公司为一般纳税人，适用的增值税税率为16%，现销售产品一批，价目表上的售价是30万元，但对方是老顾客，所以决定给予5%的商业折扣，款项尚未收到。

8.（1）西秦股份有限公司于2019年3月8日销售一批B产品给祥源公司，开出的增值税发票标明售价为50万元，增值税额为8.0万元，双方签订的合同规定，如果祥源公司能早日归还货款，企业将按售价的一定比例给予现金折扣，条件为：10/5，7/20，n/30。

（2）上述祥源公司于2019年3月15日归还了所欠货款。公司按规定给予7%的现金折扣。

9. 西秦股份有限公司采用应收款项余额百分比法核算坏账损失，坏账准备计提比例为1%，2019年年初坏账准备余额为贷方2万元，2019年3月发生并确认了一笔坏账，金额为0.6万元，2019年10月收回一笔以前已确认并转销的坏账，金额为0.3万元。2019年年末企业应收账款余额为 90 万元，其他应收款余额为 6 万元。试计算 2019 年应计提的坏账准备并编制会计凭证。

10. 2019 年 3 月 15 日，西秦股份有限公司向金益公司购入甲材料，增值税发票标明买价为 20 万元，增值税税额为 3.2 万元，另收到对方转来的垫付运费的发票，运杂费为 600 元增值税率 10%，所有款项均未支付，材料已验收入库。（材料按实际成本核算）

11. 2019 年 3 月 16 日，向 A 公司支付订购甲产品的订金 8 万元，以银行存款结算。

12. 2019 年 4 月 3 日，发送 B 产品给 A 公司，增值税发票标明售价为 12 万元，增值税税额为 1.92 万元，已收贷款 10 万元，其余货款尚未收到。

13. 2019 年 4 月 13 日，收到 A 公司补付的 B 产品货款余额，存入银行。

14. 西秦股份有限公司 2019 年 3 月 12 日开出转账支票支付 3 万元订金给祥源公司，订购其甲材料。

15. 2019 年 4 月 6 日，祥源公司发来甲材料，增值税发票注明价格为 5 万元，增值税为 0. 8 万元，余款已通过银行转账支付。

【要求】 编制上述业务的相关会计分录。

模块四　存　　货

一、单项选择题

1. 下列各项资产中，不属于存货范围的是（　　）。

A. 在途材料　　B. 特种储备物资　　C. 委托加工材料　　D. 委托代销商品

2. 某企业 2019 年 1 月 1 日甲材料账面实际成本为 90 000 元，结存数量 500 吨；1 月 4 日购进甲材料 500 吨，每吨实际单价为 200 元，1 月 17 日购进甲材料 300 吨，每吨实际单价

180 元；1 月 5 日和 22 日各发出甲材料 100 吨。如果该企业按移动平均法计算其发出甲材料的实际成本，那么 2019 年 1 月 31 日甲材料的账面余额应为（　　）元。

A. 206 000　　B. 206 250　　C. 206 452　　D. 208 000

3. 下列对材料的入账时间的表述，不正确的是（　　）。

A. 材料与凭证同时到达，可即时入账

B. 材料先到，凭证未到，平日不能入账

C. 凭证先到，材料未到，不能入账

D. 材料已到，凭证未到，月末可暂估入账

4. 下列各项支出中，一般纳税企业不计入存货成本的是（　　）。

A. 购入存货时发生的增值税进项税额　　B. 购买存货而发生的运输费用

C. 购买存货而支付的进口关税　　D. 购入存货发生的保险费

5. 某工业企业为增值税一般纳税人。购入乙种原材料 5 000 吨，收到的增值税专用发票上注明的售价为每吨 1 200 元，增值税额为 1 020 000 元。另发生运输费用 60 000 元，装卸费用 20 000 元，途中保险费用 18 000 元。原材料运抵企业后，验收入库原材料为 4 996 吨，运输途中发生合理损耗 4 吨。该原材料的入账价值为（　　）元。

A. 6 078 000　　B. 6 098 000　　C. 6 093 800　　D. 6 089 000

6. 存货采用先进先出法计价的企业，在物价上涨的情况下，会使企业（　　）。

A. 期末库存升高，当期损益增加　　B. 期末库存升高，当期损益减少

C. 期末库存降低，当期损益增加　　D. 期末库存降低，当期损益减少

7. 销售甲产品时附带出售包装桶，包装桶单独计价，该批包装桶的成本应计入（　　）。

A. 生产成本　　B. 制造费用　　C. 其他业务支出　　D. 销售费用

8. 包装产品用的包装纸、绳，应在（　　）账户在核算。

A. 包装物　　B. 原材料　　C. 低值易耗品　　D. 库存商品

9. 出租包装物的租金收入应计入（　　）。

A. 其他业务收入　　B. 产品销售收入　　C. 营业外收入　　D. 补贴收入

10. 没收逾期未退的包装物押金，应记入（　　）账户。

A. “产品销售收入”　　B. “营业外收入”

C. “其他业务收入”　　D. “补贴收入”

11. 出租包装物的摊销价值应计入（　　）。

A. 生产成本　　B. 营业费用　　C. 其他业务支出　　D. 管理费用

12. 投资者投入的存货的成本，按（　　）确定。

A. 存货的可变现净值　　B. 存货的账面成本

C. 存货的账面价值　　D. 投资各方确认的价值

13. 存货计价采用成本与可变现净值孰低法，体现的会计核算一般原则是（　　）。

A. 谨慎原则　　B. 配比原则　　C. 一贯性原则　　D. 客观性原则

14. 企业发生的原材料盘亏或毁损损失中，不应作为管理费用列支的是（　　）。

A. 自然灾害造成的毁损净损失　　B. 保管中发生的定额内自然损耗

C. 收发计量造成的盘亏损失　　D. 管理不善造成的盘亏损失

15. 某企业 2018 年 12 月 31 日存货的账面余额为 20 000 元，预计可变现净值为 19 000

元。2019 年 12 月 31 日存货的账面余额仍为 20 000 元，预计可变现净值为 21 000 元。则 2019 年末应冲减的存货跌价准备为（ ）元。

A. 1 000　　B. 2 000　　C. 9 000　　D. 3 000

16. 企业某种存货的期初实际成本为 200 万元，期初“存货跌价准备”账户贷方余额 2. 5 万元，本期购入该种存货实际成本 45 万元，领用 150 万元，期末估计库存该种存货的可变现净值为 91 万元。则本期应计提存货跌价准备额为（ ）万元。

A. 1. 5　　B. 2. 5　　C. 4　　D. 9

17. 某企业因火灾原因盘亏一批材料 16 000 元，该批材料的进项税为 2 720 元。收到各种赔款 1 500 元，残料入库 200 元。报经批准后，应记入“营业外支出”账户的金额为（ ）元。

A. 17 020　　B. 18 620　　C. 14 300　　D. 14 400

18. 在计提存货跌价准备的方法中，下列几种计提方法中哪一种方法的结果最为准确（ ）。

A. 合并计提　　B. 单项比较法

C. 按存货类别计提　　D. 综合比较法

19. 某企业采用成本与可变现净值孰低法对存货进行期末计价，成本与可变现净值按单项存货进行比较。2019 年 12 月 31 日，甲、乙、丙三种存货成本与可变现净值分别为：甲存货成本 10 万元，可变现净值 8 万元；乙存货成本 12 万元，可变现净值 15 万元；丙存货成本 18 万元，可变现净值 15 万元。甲、乙、丙三种存货已计提的跌价准备分别为 1 万元、2 万元、1. 5 万元。假定该企业只有这些存货，2019 年 12 月 31 日应补提的存货跌价准备总额为（ ）万元。

A. －0. 5　　B. 0. 5　　C. 2　　D. 5

20. 下列各项业务中，不会引起期末存货账面价值发生增减变动的是（ ）。

A. 已发出商品但尚未确认销售　　B. 已确认销售且已发出商品

C. 计提存货跌价准备　　D. 已收到发票账单并付款但尚未收到材料

21. 某工业企业为增值税一般纳税企业，2019 年 4 月购入 A 材料 1 000 千克，增值税专用发票上注明的买价为 30 000 元，增值税额为 5 100 元。该批 A 材料在运输途中发生 1% 的合理损耗，实际验收入库 990 千克；在入库前发生挑选整理费用 300 元。该批入库 A 材料的实际总成本为（ ）元。

A. 29 700　　B. 29 997　　C. 30 300　　D. 35 400

22. 材料盘盈时，在报经批准前，应作的账务处理是（ ）。

A. 借：原材料
　　贷：待处理财产损溢

B. 借：原材料
　　贷：营业外收入

C. 借：待处理财产损溢
　　贷：管理费用

D. 借：待处理财产损溢
　　贷：营业外收入

23. 采用成本与可变现净值孰低法，存货期末可变现净值低于成本时，其计价依据为（ ）。

A. 账面价值　　B. 账面余额　　C. 可变现净值　　D. 成本

24. 某企业月初结存原材料的计划成本 100 000 元，材料成本差异的节约额 1 000 元；本月入库原材料的计划成本 100 000 元，材料成本差异的超支额 400 元。当月生产车间领用原材料的计划成本 150 000 元。假定该企业按月末计算的材料成本差异率分配结转材料成本差异，当月生产车间领用原材料应负担的材料成本差异是（ ）元。

A. -1 050　　B. -450　　C. 450　　D. 1 050

25. 某工业企业为增值税一般纳税人。购入乙种原材料 5 000 吨，收到的增值税专用发票上注明的售价为每吨 1 200 元，增值税税额为 960 000 元。另发生运输费用 60 000 元（不考虑增值税），装卸费用 20 000 元，途中保险费用 18 000 元。原材料运抵企业后，验收入库原材料为 4 996 吨，运输途中发生合理损耗 4 吨。该原材料的入账价值为（ ）元。

A. 6 078 000　　B. 6 098 000　　C. 6 093 800　　D. 6 089 000

26. 不应计入存货成本的是（ ）。

A. 所发生的从事劳务提供人员的直接人工

B. 非正常消耗的直接材料

C. 采购成本

D. 使存货达到目前场所和状态所发生的其他支出

27. 某企业 2019 年 11 月 30 日，收到购入的材料一批，并验收入库，但发票等结算凭证尚未收到，货款尚未支付。该批材料的暂估价为 8 000 元。该企业 2019 年 11 月 30 日的账务处理是（ ）。

A. 借：原材料　　8 000
　　贷：应付账款——暂估应付账款　　8 000

B. 借：在途物资　　8 000
　　贷：应付账款——暂估应付账款　　8 000

C. 借：原材料　　8 000
　　应交税费——应交增值税（进项税额）　　1 360
　　贷：应付账款　　9 360

D. 借：在途物资　　8 000
　　应交税费——应交增值税（进项税额）　　1 360
　　贷：应付账款　　9 360

28. 某企业为增值税一般纳税人，材料按计划成本核算，甲材料计划单价为每千克 30 元。企业购入甲材料 400 公斤，增值税专用发票上注明的材料价款为 12 000 元，增值税税额 1 920 元。企业验收入库时实收 395 公斤，短缺的 5 千克为运输途中合理损耗。该批材料的材料成本差异为（ ）元。

A. 0　　B. 150　　C. 2 040　　D. 2 190

29. 某企业采用计划成本计价法对材料进行核算，已知期初材料成本差异贷方余额 3 000 元，本期购进材料 3 000 千克，单价 14 元，计划单位成本为 12 元，则期末“材料成本差异”账户余额为（ ）。

A. 借方余额 3 000 元　　B. 贷方余额 3 000 元

C. 借方余额 6 000 元　　D. 贷方余额 9 000 元

30. 某企业材料采用计划成本计价法核算，计划单位成本 12 元。期初“原材料”账户借方余额 60 000 元，“材料成本差异”账户贷方余额 3 000 元；本期购进材料 5 000 千克，单价为 12. 8 元，车间领用 4 000 千克。期末“材料成本差异”账户余额为（ ）。

A. 借方 600 元　　B. 贷方 600 元　　C. 借方 400 元　　D. 贷方 400 元

31. 假定原材料月初结存节约差异900元，月初结存计划成本50 000元；本月收入超支差异9 900元，本月收入的计划成本400 000元。本月原材料成本差异率为（　　）。

A. 1%　　B. 2%　　C. 3%　　D. 4%

32. “存货跌价准备”账户期初贷方余额为1 000元，期末存货账面价值为200 000元，可变现净值为198 000元。期末应计提存货跌价准备的金额是（　　）元。

A. 0　　B. 1 000　　C. 2 000　　D. 3 000

33. 出借包装物报废时，回收的残料价值应冲减（　　）。

A. 销售费用　　B. 待摊费用　　C. 其他业务成本　　D. 营业外支出

34. 企业委托其他单位加工物资支付的往返运输费应记入（　　）。

A. “销售费用”账户　　B. “委托加工物资”账户

C. “管理费用”账户　　D. “材料成本差异”账户

35. 企业在包装物出借期间，其价值损耗和其他有关支出，均应作为（　　）。

A. 管理费用　　B. 销售费用　　C. 其他业务成本　　D. 营业外支出

36. 出租包装物，收到租金时应贷记的账户是（　　）。

A. “营业外收入”　B. “其他业务收入”　C. “主营业务收入”　D. “其他应付款”

37. 下列原材料相关损失中，应计入营业外支出的是（　　）。

A. 计量差错引起的原材料盘亏　　B. 自然灾害造成的损失

C. 原材料运输途中发生的合理损耗　　D. 人为责任造成的损失

38. 某企业低值易耗品采用一次摊销法进行摊销。生产车间报废低值易耗品时，残值收入应冲减（　　）。

A. “管理费用”　　B. “制造费用”　　C. “低值易耗品”　　D. “营业外支出”

39. 因计量收发差错造成的存货短缺，其净损失应记入的账户是（　　）。

A. “制造费用”　　B. “营业外支出”　　C. “销售费用”　　D. “管理费用”

40. 自制原材料完工入库，应填制材料入库单，同时会计分录记为（　　）。

A. 借：原材料
　　贷：管理费用

B. 借：原材料
　　贷：其他业务支出

C. 借：原材料
　　贷：制造费用

D. 借：原材料
　　贷：生产成本

41. 企业销售原材料，在记录收入的同时，应将成本结转到（　　）。

A. 财务费用　　B. 主营业务成本　　C. 其他业务成本　　D. 销售费用

二、多项选择题

1. 下列属于企业存货的有（　　）。

A. 库存商品　　B. 职工的劳保装备　C. 工程物资　　D. 租入的包装箱

2. 企业存货历史成本的构成包括（　　）。

A. 商业折扣　　B. 购买材料的运费和包装费

C. 消费税　　D. 现金折扣

3. 下列项目中，哪些不属于存货的核算范围（　　）。

A. 半成品　　B. 特种储备物资　　C. 在建工程物资　　D. 委托加工材料

4. 下列项目中，应计入材料采购成本的有（　　）。
A. 制造费用　　B. 进口关税
C. 运输途中的合理损耗　　D. 一般纳税人购入材料支付的增值税

5. 下列各种物资中，应当作为企业存货核算的有（　　）。
A. 委托加工材料　　B. 分期收款发出商品
C. 低值易耗品　　D. 工程物资

6. 下列项目中属于存货的有（　　）。
A. 委托代销的商品　　B. 库存工程用料
C. 购入的在途材料　　D. 委托外单位加工的材料

7. 下列费用不应计入外购材料采购成本的有（　　）。
A. 材料的买价　　B. 采购员差旅费
C. 入库前的挑选整理费　　D. 运输机构造成的损耗

8. 委托外单位加工的存货成本包括（　　）。
A. 加工过程中耗费的原材料实际成本　　B. 委托加工费用
C. 往返运杂费　　D. 保险费

9. 下列各项中，应包括在资产负债表“存货”项目的有（　　）。
A. 委托代销商品成本　　B. 委托加工材料成本
C. 正在加工中的在产品成本　　D. 分期收款发出商品成本

10. 下列各项支出中，一般纳税企业应计入存货成本的是（　　）。
A. 购入存货时发生的增值税进项费用　　B. 购买存货而发生的运输费用
C. 购买存货而支付的进口关税　　D. 购入存货发生的保险费

11. 甲企业为增值税一般纳税人，委托外单位加工一批材料（属于应税消费品，且为非金银首饰）。该批原材料加工收回后用于连续生产应税消费品。甲企业发生的下列各项支出中，会增加收回委托加工材料实际成本的有（　　）。
A. 支付的加工费　　B. 支付的增值税　　C. 负担的运杂费　　D. 支付的消费税

12. 包装物是指为包装本企业产品而储备的包装容器，包括（　　）。
A. 各种包装材料
B. 随同产品出售但单独计价的包装物
C. 用于储存和保管材料而不对外销售的包装物
D. 出租或出借给购买单位的包装物

13. 企业购进材料一批已验收入库，但结算凭证未到，货款尚未支付，企业应（　　）。
A. 在材料验收入库时即入账　　B. 材料验收入库时，暂不入账
C. 月末按暂估价入账　　D. 下月初用红字冲回

14. 计算存货可变现净值时，应从预计售价中扣除的项目是（　　）。
A. 出售前发生的行政管理人员的工资　　B. 存货的账面成本
C. 销售过程中发生的销售费用　　D. 出售前进一步加工的加工费用

15. 下列各项中可以计入当期损益的是（　　）。
A. 存货盘亏造成的损失　　B. 已售存货的成本结转
C. 对低值易耗品和包装物进行摊销　　D. 计提存货跌价准备

16. 企业的库存材料发生盘亏或毁损在查明原因后可能分别计入的核算账户是（　　）。

A. “管理费用”　B. “财务费用”　C. “营业外支出”　D. “其他应收款”

17. 下列项目中，应作为存货核算的有（　　）。

A. 工程物资　B. 原材料　C. 低值易耗品　D. 在产品

E. 委托加工材料

18. 存货发出的计价方法有（　　）。

A. 先进先出法　B. 移动加权平均法　C. 个别计价法　D. 后进先出法

E. 月末一次加权平均法

19. 低值易耗品的摊销方法有（　　）。

A. 五五摊销法　B. 一次摊销法　C. 分期摊销法　D. 交互分配法

E. 工时比例法

20. 增值税一般纳税企业的委托加工物资实际成本包括（　　）。

A. 受托方代垫辅料成本　B. 往返运输费

C. 加工物资的实际成本　D. 加工费

E. 准予扣除的税金

21. 在包装物核算中，记入“其他业务收入”账户的业务有（　　）。

A. 随同商品出售但不单独计价的包装物

B. 随同商品出售并单独计价的包装物

C. 出租包装物收到的租金

D. 出租包装物收到的押金

E. 出借包装物收到的押金

22. 材料成本差异的贷方登记（　　）。

A. 采购材料的实际成本大于计划成本的差异

B. 采购材料的实际成本小于计划成本的差异

C. 结转发出材料应负担的超支差异

D. 结转发出材料应负担的节约差异

E. 结转发出材料应负担的实际成本小于计划成本的差异

23. “材料成本差异”借方核算的内容有（　　）。

A. 购入材料实际成本大于计划成本的差异

B. 购入材料实际成本小于计划成本的差异

C. 发出材料实际成本大于计划成本的差异

D. 发出材料实际成本小于计划成本的差异

24. 委托加工物资的实际成本一般包括（　　）。

A. 耗用物资的实际成本　B. 支付的加工费

C. 支付的往返运输费　D. 支付的管理人员工资

E. 坏账损失

25. 下列项目中，可以计入工业企业（一般纳税人）存货成本的有（　　）。

A. 现金折扣　B. 进口商品关税

C. 入库前挑选整理费　D. 支付的增值税

E. 收回后直接用于销售的委托加工应税消费品的消费税

26. 低值易耗品采用五五摊销法时设置（　　）明细账户。

A. 在库低值易耗品　　B. 在用低值易耗品

C. 在途低值易耗品　　D. 低值易耗品摊销

E. 低值易耗品费用

三、判断题

1. 企业代销的商品属于企业的存货。（　　）

2. 存货范围的确认，应以企业对存货是否具有法定所有权和是否存放在本企业为依据。（　　）

3. 已发出或委托代销的商品，均不属于企业的存货。（　　）

4. 各种包装材料不属于企业的存货。（　　）

5. 存货的计价方法，可依据企业的需要而随时更改。（　　）

6. 存货的采购成本，包括购买价款、增值税进项税费用、运输费、装卸费、保险费以及其他可归属于存货采购成本的费用。（　　）

7. 同一项资产，在不同的企业里可能被分别列入存货或固定资产。（　　）

8. 对于购货方已经确认为购进而尚未到达入库的在途商品，应作为购货方的存货处理。（　　）

9. 企业采用加权平均法计量发出存货的成本，在物价上涨时，当月发出存货的单位成本小于月末结存存货的单位成本。（　　）

10. 存货的直接人工以及按照一定方法分配的制造费用不应包括在存货成本中。（　　）

11. 存货的购货价格是指已扣除现金折扣以后的金额。（　　）

12. 购入材料在运输途中发生的合理损耗不需单独进行账务处理。（　　）

13. 一般纳税企业购进生产用材料时，按照税法的有关规定，可以按支付的外地运费的一定比例计算增值税进项税额，该进项税额不应计入购进材料的采购成本中。（　　）

14. 对于已售存货，应当将其成本结转为当期损益，相应的存货跌价准备也应当予以结转。（　　）

15. 以前减记存货价值的影响因素已经消失的，减记的金额应当予以恢复，并在原已计提的存货跌价准备金额内转回。（　　）

16. 永续盘存制的优点之一是有利于加强对存货的管理。（　　）

17. 企业发出包装物的核算，应按照发出包装物的不同来源进行处理。（　　）

18. 低值易耗品的基本特点是单位价值低、容易损耗。（　　）

19. 低值易耗品在采用一次摊销法下，企业应将其价值在报废时一次性计入有关成本费用。（　　）

20. 委托加工物资收回后直接用于销售的，委托方应将受托方代收代交的消费税计入委托加工物资成本。（　　）

21. 企业进行存货清查所发生的盘盈或盘亏的存货要记入“待处理财产损溢”账户，查明原因后记入“管理费用”账户。（　　）

22. 盘亏的存货，按规定手续报经批准后，应冲减营业外支出。（　　）

四、计算题

1. 西秦股份有限公司对甲类原材料采用实际成本法计价，本月月初材料的期初余额为300千克，单价为50元；3日，企业从外边购进材料200千克，单价为52元，5日，领用材料250千克，8日，购进材料500千克，单价为48元，15日，领用300千克。

试用先进先出法和月末一次加权平均法计算本月领用原材料的实际成本及期末库存原材料的实际成本。

2. 西秦股份有限公司对乙类原材料采用计划成本计价，期初“原材料”余额为520 000元，“材料成本差异”的借方余额为8 900元，本月入库原材料的计划成本为180 000元，实际成本为155 000元。月末“发料凭证汇总表”列明，基本生产车间生产A商品领用120 000元，生产车间一般消耗领用70 000元，管理部门领用8 000元，销售部门领用4 000元。

【要求】

（1）计算材料成本差异率；

（2）计算发出材料应负担的成本差异；

（3）编制相关会计分录。

五、业务题

1. **【目的】**练习存货的收发业务。

【资料】西秦股份有限公司为增值税一般纳税企业，采用实际成本进行材料日常核算，2019 年 6 月 1 日有关账户的期初余额如下：在途物资 20 万元；预付账款——D 企业 2 万元；委托加工物资——B 企业 4 万元；包装物 3 万元；原材料 100 万元（注：“原材料”账户期初余额中包括上月末材料已到，但发票账单未到而暂估入账的 5 万元）。

2019 年 6 月发生如下经济业务事项：

（1）1 日，对上月末暂估入账的原材料进行冲回。

（2）3 日，在途物资全部收到，验收入库。

（3）8 日，从 A 企业购入材料一批，增值税专用发票上注明的货款为 100 万元，增值税为 16 万元，另外，A 企业还代垫运费 1 万元（假定运费不考虑增值税，本题下同）。全部货款已用转账支票付清，材料验收入库。

（4）10 日，收到上月委托 B 企业加工的包装物并验收入库，入库成本为 4 万元（假定加工费已在上月支付）。

（5）13 日，持银行汇票 30 万元从 C 企业购入材料一批，增值税专用发票上注明的货款为 20 万元，增值税为 3.2 万元，另支付运费 0.8 万元，材料已验收入库，甲企业收回剩余票款并存入银行。

（6）18 日，收到上月末估价入账的材料发票账单，增值税专用发票上注明的货款为 5 万元，增值税为 0.8 万元，开出银行承兑汇票承付。

（7）22 日，收到 D 企业发运来的材料并验收入库。增值税专用发票上注明的货款为 4 万元，增值税为 0.64 万元，对方代垫运费 0.4 万元。为购买该批材料上月预付货款 2 万元，收到材料后用银行存款补付余额。

（8）25 日，接受某企业捐赠的 C 材料，增值税专用发票注明的价款为 10 万元，增值税 1.6 万元。

（9）30 日，盘盈 C 材料，估计市场价格为 1 万元。

（10）30 日，结转本月随同产品出售单独计价的包装物的成本 4 万元。

（11）30 日，根据“发料凭证汇总表”，6 月基本生产车间生产领用材料 80 万元，辅助生产车间领用材料 12 万元，车间管理部门领用材料 2 万元，企业行政管理部门领用材料 3 万元。

【要求】编制上述业务的分录。

2. **【目的】**练习计划成本计法核算存货。

【资料】西秦股份有限公司属于增值税一般纳税企业，原材料采用计划成本计价核算，材料成本差异逐笔结转。2019 年 5 月初原材料计划成本为 500 万元，材料成本差异为借方余额 10.69 万元，甲企业 5 月发生以下经济业务：

（1）5 日购入原材料一批，增值税专用发票上记载的价款为 60 万元，增值税为 9.6 万元。企业开出面额为 69.6 万元的商业承兑汇票，付款期为 3 个月，材料尚未到达。

（2）8 日上述材料到达，验收入库，计划成本为 65 万元。

（3）20 日用银行存款购入原材料一批，增值税专用发票上记载的价款为 100 万元，增值税为 16 万元，材料已验收入库，另外用银行存款支付运杂费（假设不考虑增值税的进项税额抵扣）5 万元，原材料的计划成本为 104 万元。

（4）31 日汇总本月领用原材料计划成本共计 150 万元，其中生产领用 140 万元，管理部门领用 8 万元，车间管理部门领用 2 万元。

【要求】编制上述业务的分录。

3. **【目的】**练习期末存货计量。

【资料】西秦股份有限公司存货在年末按成本与可变现净值孰低计量，对于可变现净值低于成本的差额，按单项存货计提跌价准备。2019 年 12 月 31 日，经检查有关存货情况如下：

（1）甲商品的账面成本为 2 000 万元，估计售价为 2 300 万元，估计的销售费用及相关税金为 60 万元。年末计提跌价准备前，甲商品的跌价准备余额为 110 万元。

（2）乙材料的账面成本为 60 万元，因用该材料生产的产品陈旧过时，决定停产；公司拟将乙材料出售。年末估计乙材料的售价为 50 万元，估计材料的销售费用及相关税金为 2 万元。年末计提跌价准备前，乙材料的跌价准备余额为零。

【要求】编制上述业务的分录。

4.【目的】练习存货的清查。

【资料】西秦股份有限公司为一般纳税企业，适用增值税税率为17%。2019年12月初，甲公司库存A材料4 020千克，实际成本为217.08万元；库存B材料4 500千克，实际成本为180万元；库存C材料6 000千克，实际成本为108万元。甲公司材料发出按先进先出法计价。2019年12月甲公司发生下列相关业务：

1日，财产清查时，发现盘亏A材料20千克，实际成本为1.08万元，原因尚待查明。

5日，委托乙公司将C材料深加工为更高级的B材料用于连续生产应税消费品，按协议向乙公司发出C材料4 000千克。

8日，以银行存款购入A材料6 000千克，取得的增值税发票注明：不含税价款330万元，增值税52.8万元。材料尚未验收入库.

12日，将购入的A材料验收入库，入库时发现短缺100千克，确认为途中合理损耗。

15日，生产产品领用A材料6 950千克，领用B材料3 000千克。

16日，以银行存款向乙公司支付不含税加工费36万元、消费税12万元及增值税。

28日，B材料加工完成全部运回验收入库，入库数量为3 000千克，甲公司以银行存款支付材料运输费，取得的运费发票注明：运输费0.4万元，增值税率为10%。

31日，确认当月1日盘亏A材料属管理不当所致，全部损失计入当期损益。

【要求】编制上述业务的分录。

模块五　长期股权投资

一、单项选择题

1. 采用权益法核算股票投资的企业，在收到发放的现金股利时应贷记（　　）。

A. “投资收益”　　B. “长期股权投资”

C. “其他应收款”　　D. “营业外收入”

2. 采用权益法核算的企业，其中“长期股权投资”的账面价值将随着（　　）的变动而相应调整。

A. 投资企业所有者权益　　B. 被投资单位所有者权益

C. 投资企业的经营规模　　D. 被投资企业的经营规模

3. 长期股权投资权益法下，“长期股权投资”账户应设置的三个明细账户不包括（　　）。

A. 成本　　B. 应计利息

C. 损益调整　　D. 其他权益变动

4. 在权益法下，投资企业按被投资单位当年实现的净利润（不含不属于投资企业的净利润）计算应分享的份额时，借记“长期股权投资——××投资（损益调整）”科目，贷记（　　）科目。

A. 投资收益　　B. 应收股利　　C. 应收利息　　D. 其他应收款

5. 甲公司年初以100万元银行存款购入另一公司25%的普通股股票，年底收到投资公司报告称所有者权益增加200万元，并收到分给的股利2万元，按权益法核算，甲公司的长期股票投资年底账面价值为（　　）万元。

A. 150　　B. 152　　C. 148　　D. 102

6. 某企业于2018年1月1日购入甲公司普通股股票的10%，进行长期投资，采用成本法核算。甲公司2018年度实现净利润60 000 000元，并于2019年3月10日宣告分派现金股利80 000 000元，则该企业应确认的投资收益为（　　）元。

A. 8 000 000　　B. 7 000 000　　C. 1 000 000　　D. 6 000 000

7. 在长期股权投资采用权益法核算的情况下，当被投资单位接受捐赠时，投资企业应借记“长期股权投资”账户，贷记（　　）账户。

A. 投资收益　　B. 盈余公积　　C. 资本公积　　D. 投资损失

8. 在长期股权投资采用权益法核算的情况下，如果长期股权投资的账面价值为3 000 000元（持有被投资单位的股权比例为40%），当年被投资单位发生净亏损为10 000 000元。则投资企业于该年度应确认的投资收益为（　　）元。

A. 0　　B. 4 000 000　　C. −4 000 000　　D. −3 000 000

9. 长期股权投资采用权益法核算时，长期股权投资的初始投资成本小于投资时应享有被投资单位可辨认净资产公允价值份额的，应按其差额，借记“长期股权投资——成本”科目，贷记科目是（　　）。

A. 投资收益　　B. 资本公积——其他资本公积

C. 营业外收入　　D. 长期股权投资——其他权益变动

10. 长期股权投资采用权益法核算时，在持股比例不变的情况下，被投资单位除净损益以外所有者权益的增加，企业按持股比例计算应享有的份额，借记的科目是（　　）。

A. 长期股权投资——股权投资准备　　B. 资本公积——其他资本公积

C. 长期股权投资——损益调整　　D. 长期股权投资——其他权益变动

11. 2019年1月2日，A公司以银行存款600万元对D公司投资，持有D公司股权的50%，具有重大影响。D公司可辨认净资产公允价值总额为1 000万元。2019年3月2日，D公司宣告分配2018年现金股利100万元，2019年乙企业实现净利润3 000万元，假定取得投资时点被投资单位各资产公允价值等于账面价值，双方采用的会计政策、会计期间相同。则2019年末A公司“长期股权投资”的账面余额是（　　）万元。

A. 450　　B. 2 050　　C. 600　　D. 550

12. 同一控制下的企业合并所取得的长期股权投资的初始投资成本是（　　）。

A. 投出资产的账面价值

B. 取得被合并方所有者权益账面价值的份额

C. 投出资产的公允价值

D. 取得被合并方所有者权益公允价值的份额

13. 对于同一控制下的企业合并，合并方以发行权益性证券作为合并对价的，应当在合并日按照（　　）作为长期股权投资的初始投资成本。

A. 发行权益性证券的公允价值

B. 发行价格

C. 取得合并方所有者权益账面价值

D. 取得被合并方所有者权益账面价值的份额

14. 下列长期股权投资应该采用权益法核算的有（　　）。

A. 对被投资企业实施控制

B. 对被投资企业不具有重大影响

C. 对被投资企业具有共同控制或重大影响

D. 对被投资企业不具有共同控制

15. 甲公司 2019 年 6 月 1 日购入乙公司股票进行长期投资，取得乙公司 40% 的股权，2019 年 12 月 31 日，该长期股权投资明细科目的情况如下：成本为 600 万元，损益调整（贷方余额）为 200 万元，其他权益变动借方余额为 100 万元，假设 2019 年 12 月 31 日该股权投资的可收回金额为 680 万元，下面的有关计提该项长期股权投资减值准备的账务处理正确的是（　　）。

A. 借：投资收益　420
　　贷：长期股权投资减值准备　420

B. 借：资产减值损失　200
　　贷：长期股权投资减值准备　200

C. 借：投资收益　20
　　贷：长期股权投资减值准备　20

D. 借：资产减值损失　20
　　贷：长期股权投资减值准备　20

16. 长期股权投资采用权益法核算时，初始投资成本大于应享有被投资单位可辨认资产公允价值份额之间的差额，正确的会计处理是（　　）。

A. 计入投资收益　　B. 冲减资本公积

C. 计入营业外支出　　D. 不调整初始投资成本

17. A 公司对 B 公司进行投资，持股比例为 70%。截止到 2018 年末该项长期股权投资账户余额为 650 万元，2019 年末该项投资的减值准备余额为 20 万元，B 公司 2019 年发生亏损 1 000 万元。2019 年末 A 公司“长期股权投资”的账面价值应为（　　）万元。

A. 0　　B. 630　　C. 20　　D. －20

18. 长期股权投资采用权益法核算时，下列各项不会引起长期股权投资账面价值减少的是（　　）。

A. 期末被投资单位对外捐赠　　B. 被投资单位发生净亏损

C. 被投资单位计提盈余公积　　D. 被投资单位宣告发放现金股利

二、多项选择题

1. 下列各项中，采用成本法进行核算的有（ ）。
   A. 对子公司的投资
   B. 对联营公司的投资
   C. 对合营企业的投资
   D. 对投资单位不具有控制、共同控制或重大影响，且在活跃市场没有报价、公允价值不能可靠计量的权益性投资
2. 下列各项中，应采用权益法核算的有（ ）。
   A. 对子公司投资
   B. 对合营企业投资
   C. 对联营企业投资
   D. 对被投资单位不具有控制、共同控制或重大影响，且在活跃市场中没有报价、公允价值不能可靠计量的权益性投资
   E. 对被投资单位不具有控制、共同控制或重大影响，且在活跃市场中有报价、公允价值能可靠计量的权益性投资
3. 下列各项中，能引起权益法核算的长期股权投资账面价值发生变动的有（ ）。
   A. 被投资单位实现净利润
   B. 被投资单位宣告发放股票股利
   C. 被投资单位宣告发放现金股利
   D. 被投资单位除净损益外的其他所有者权益变动

4. 在权益法下，投资企业随着被投资单位所有者权益的变动而相应调整增加或减少长期股权投资账面价值的情况是（ ）。

   A. 被投资单位当年实现的总利润　　B. 被投资单位当年实现的净利润
   C. 被投资单位宣告分派现金股利　　D. 被投资单位宣告支付债券利息

5. 对于采用权益法核算的长期股权投资，下列处理方法正确的有（ ）。
   A. 长期股权投资的初始投资成本大于投资时应享有被投资单位可辨认净资产公允价值份额的，不调整长期股权投资的初始投资成本
   B. 长期股权投资的初始投资成本小于投资时应享有被投资单位可辨认净资产公允价值份额的，其差额应当计入当期营业外收入，同时调整长期股权投资的成本
   C. 企业取得长期股权投资时，实际支付的价款中包含的已宣告但尚未发放的现金股利不应计入初始投资成本
   D. 在权益法下，被投资企业宣告发放股票股利时，投资企业应按享有的金额调整长期股权投资的账面价值，并确认投资收益
6. 下列有关长期股权投资核算的表述中，正确的有（ ）。
   A. 母公司对子公司投资采用成本法核算
   B. 权益法核算的长期股权投资计提的减值准备，应当计入投资收益
   C. 非同一控制下企业合并形成的长期股权投资，应当以合并成本作为初始投资成本
   D. 同一控制下企业合并形成的长期股权投资，应以享有被合并方净资产公允价值的

份额作为初始投资成本

7. 长期股权投资采用权益法核算的，下列各项中，属于投资企业确认投资收益应考虑的因素有（　　）。

A. 被投资单位实现净利润

B. 被投资单位资本公积增加

C. 被投资单位宣告分派现金股利

D. 投资企业与被投资单位之间的未实现内部交易损益

8. 下列有关长期股权投资的表述中，不正确的有（　　）。

A. 长期股权投资在取得时，应按取得投资的公允价值入账

B. 企业合并取得长期股权投资而发行债券支付的手续费、佣金等应计入初始投资成本

C. 企业取得长期股权投资时，实际支付的价款中包含的已宣告但尚未发放的现金股利应计入初始投资成本

D. 投资企业在确认应享有被投资单位净损益的份额时，均按被投资单位的账面净利润直接计算

E. 为企业合并发行的债券或承担其他债务支付的手续费、佣金等，应当计入所发行债券及其他债务的初始计量金额。企业合并中发行权益性证券发生的手续费、佣金等费用，应当抵减权益性证券溢价收入，溢价收入不足冲减的，冲减留存收益

9. 下列项目中，应采用长期股权投资成本法核算的有（　　）。

A. 对子公司的投资

B. 对联营企业的投资

C. 投资企业对被投资单位不具有共同控制或重大影响，并且在活跃市场中没有报价、公允价值不能可靠计量的投资

D. 投资企业对被投资单位不具有共同控制或重大影响，在活跃市场中有报价、公允价值能可靠计量的投资

E. 对合营企业的投资

三、判断题

1. 成本法是指长期股权投资按投资成本计价核算的方法。（　　）

2. 如果企业购入股票实际支付的价款中包含已宣告而尚未领取的现金股利，其现金股利应单独在“应收股利”科目中核算。（　　）

3. 在权益法下，投资企业收到被投资单位分派的现金股利存入银行时，应借记“银行存款”科目，贷记“投资收益”科目。（　　）

4. 企业采用权益法核算其长期股权投资时，收到被投资单位分派的股票股利，不会引起长期股权投资账面价值的变化。（　　）

5. 企业采用成本法核算其长期股权投资时，如被投资单位接受资产捐赠，企业必须相应增加其长期股权投资的账面价值。（　　）

6. 采用成本法核算的长期股权投资在被投资单位宣告分派现金股利或利润时，投资企业确认的投资收益，仅限于被投资单位接受投资后产生的累积净利润的分配额。（　　）

7. 企业无论以何种方式取得长期股权投资，实际支付的价款或对价中包含的已宣告但

尚未领取的现金股利或利润，应作为取得的长期股权投资的成本。 （ ）

8. 投资企业无论采用成本法还是权益法核算长期股权投资，均要在被投资单位宣告分派利润或现金股利时，按照应享有的部分确认为当期投资收益。 （ ）

9. 企业的长期股权投资采用权益法核算的，初始投资成本大于投资时应享有被投资单位可辨认净资产公允价值份额的，不调整已确认的初始投资成本。 （ ）

10. 企业的长期股权投资采用权益法核算的，初始投资成本小于投资时应享有被投资单位可辨认净资产公允价值份额的，应按其差额，借“长期股权投资——成本”科目，贷记“投资收益”科目。 （ ）

11. 收到被投资单位发放的股票股利，不进行账务处理，但应在备查簿中登记。（ ）

12. 处置长期股权投资时，不同时结转已计提的长期股权投资减值准备，待期末一并调整。 （ ）

13. 在持股比例不变的情况下，被投资单位除净损益以外所有者权益的其他变动，企业按持股比例计算应享有的份额。借记“长期股权投资——其他权益变动”科目，贷记“资本公积——其他资本公积”科目。 （ ）

四、业务题

1. **【目的】** 长期股权投资成本法的核算。

【资料】 西秦股份有限公司 2017～2019 年发生如下长期股权投资业务。

（1）2017 年 1 月 1 日，企业以银行存款购入甲公司普通股股票 200 000 股，占该公司股份的 20%，准备长期持有；每股价格 20.9 元，共支付价款 4 180 000 元，相关税费 20 000 元，采用权益法核算。

（2）甲公司 2017 年度实现净利润 3 000 000 元，并于 2018 年 1 月 16 日宣告分派现金股利 5 000 000 元，企业于 1 月 28 日收到存入银行。

（3）2018 年 8 月 15 日，企业将持有的甲公司普通股股票全部卖出，扣除相关税费后共得款项 4 100 000 元存入银行。

注：甲公司 2017 年 1 月 1 日的股东权益合计为 20 000 000 元，其中股本为 10 000 000 元，未分配利润为 6 000 000 元。

【要求】 编制上述经济业务的会计分录。

2. 【目的】练习长期股权投资权益法的核算。

【资料】西秦股份有限公司2016～2019年发生如下长期股权投资业务。

（1）2016年1月2日，企业以每股2.09元的价格购入乙公司的普通股股票4 000 000股，持股比例为40%，对乙公司有重大影响，准备长期持有；购买中发生相关税费40 000元，全部款项以银行存款支付。

（2）乙公司2016年度实现净利润10 000 000元，并于2017年3月10日宣告分派现金股利6 000 000元。

（3）乙公司2017年度发生净亏损30 000 000元；2018年度实现净利润25 000 000元；2019年1月15日接受货币性捐赠2 000 000元。

（4）2019年7月10日，企业将持有的乙公司普通股股票全部卖出，扣除相关税费后共得款项9 800 000元存入银行。

【要求】根据上述资料编制相关会计分录。

3. 【目的】练习长期股权投资核算。

【资料】（1）2017年1月1日西秦股份有限公司购买甲公司所持有的B企业40%的股权，购买价款为4 000万元（不考虑相关税费）。2017年1月1日，B企业可辨认净资产公允价值为9 000万元。光华公司取得上述股权后对B企业财务和经营政策有重大影响。

（2）2017年3月20日，B企业宣告发放2016年度现金股利500万元，并于2017年4月20日实际发放。

（3）2017年度，B企业实现净利润600万元。2017年12月，B企业因可供出售金融资产业务进行会计处理后，增加资本公积300万元。

（4）2018年度，B企业发生亏损1 100万元。

（5）2019年8月21日，西秦股份有限公司与C公司签订协议，将其所持有B企业40%的股权全部转让给C公司。股权转让的总价款为4 500万元。

【要求】根据上述资料分别编制相关会计分录。

模块六　固定资产

一、单项选择题

1. 能反映固定资产损耗程度的账户是（　　）。

A. “制造费用”　B. “累计折旧”　C. “管理费用”　D. “待摊费用”

2. 某企业购入机器一台，实际支付价款 85 000 元，增值税进项税额 13 600 元，支付运杂费 1 500 元，安装费 1 000 元，则该企业设备入账的原值为（　　）元。

A. 87 500　B. 101 100　C. 101 845　D. 99 450

3. 某企业自行建造厂房，购入工程物资 40 000 元，支付增值税 6 400 元，全部物资均用于该工程项目。另支付工程人员工资 10 000 元，支付安装费 20 000 元，工程达到预定可使用状态并交付使用，该固定资产入账价值是（　　）元。

A. 56 800　B. 63 200　C. 70 000　D. 76 400

4. 某公司接受捐赠设备一台，该设备按同类资产的协议约定价值为 70 000 元，八成新。接受捐赠后该公司支付运杂费 3 000 元，该项设备的入账价值为（　　）元。

A. 56 000　B. 59 000　C. 70 000　D. 73 000

5. 某企业购入需要安装的设备一台，价款 40 000 元，增值税税额 6 400 元。另支付运杂费 400 元，包装费 300 元，安装费 3 000 元，该项固定资产的入账价值是（　　）元。

A. 43 700　B. 46 400　C. 50 100　D. 50 500

6. 某企业对生产线进行改扩建，该生产线原价 1 000 万元，已提折旧 300 万元。改扩建期间发生支出 800 万元，处理废料变价收入 50 万元，该生产线改扩建后的入账价值应为（　　）万元。

A. 1 450　B. 1 500　C. 1 750　D. 1 800

7. 购入用于自营工程的材料，应在（　　）账户中反映。

A. “原材料”　B. “固定资产”

C. “在建工程——自营工程”　D. “工程物资”

8. 企业购入需要安装的固定资产，不论采用何种安装方式，固定资产的全部安装成本（包括固定资产买价以及包装运杂费和安装费）均应通过（　　）账户进行核算。

A. “固定资产”　B. “在建工程”　C. “工程物资”　D. “长期投资”

9. 某企业购入一台不需要安装的设备，购买价为 50 000 元，增值税额为 8 000 元，运输费 500 元，包装费 300 元，则该台设备的入账价值为（　　）元。

A. 58 800　B. 58 500　C. 59 000　D. 59 300

10. 下列各项支出中，不应计入固定资产价值的是（　　）。

A. 固定资产安装过程领用生产用原材料负担的增值税

B. 固定资产达到预定使用状态前发生的借款利息（符合资本化条件）

C. 固定资产达到预定使用状态后发生的借款利息

D. 固定资产改良过程中领用原材料负担的消费税

11. 企业生产车间使用的固定资产发生的下列支出中，直接计入当期损益的是（　　）。

A. 购入时发生的安装费用　　B. 发生的装修费用

C. 购入时发生的运杂费　　D. 发生的日常修理费

12. 公司的一台机器设备采用工作量法计提折旧。原价为153万元，预计生产产品产量为450万件，预计净残值率为3%，本月生产产品7.65万件，则该台机器设备的月折旧额为（　　）元。

A. 26 790.3　　B. 26 295.9　　C. 25 229.7　　D. 25 228.35

13. 某企业2019年6月期初固定资产原值10 500万元。6月增加了一项固定资产入账价值为750万元；同时6月减少了固定资产原值150万元；则6月该企业应提折旧的固定资产原值为（　　）万元。

A. 11 100　　B. 10 650　　C. 10 500　　D. 10 350

14. 甲公司的注册资本为150万元。2019年6月25日，甲公司接受乙公司以一台设备进行投资。该台设备的原价为84万元，已计提折旧24.93万元，投资各方经协商确认的价值为45万元，公允价值为40万元。占甲公司注册资本的30%。假定不考虑其他相关税费，甲公司的固定资产入账价值为（　　）万元。

A. 40　　B. 84　　C. 49.07　　D. 45

15. A公司一项固定资产的原价为12 000元，预计使用年限为5年，预计净残值300元，按双倍余额递减法计算第4年的折旧额为（　　）元。

A. 2 340　　B. 1 296　　C. 1 037　　D. 1 146

16. 下列固定资产不计提折旧的是（　　）。

A. 季节性闲置的机器设备　　B. 融资租入的设备

C. 临时出租的设备　　D. 已提足折旧但尚在使用的设备

17. 在下列各项中，本期不计提折旧的是（　　）。

A. 本期季节性停用的房屋、建筑物

B. 本期采用经营租赁方式租出的房屋、建筑物

C. 本期投入使用的房屋、建筑物

D. 本期转出的房屋、建筑物

18. 较好地解决了折旧费与资产磨损或生产成果配比问题的折旧方法是（　　）。

A. 年数总和法　　B. 双倍余额递减法

C. 平均年限法　　D. 工作量法

19. 某项固定资产的原值为10 000元，预计使用年限5年，预计净残值1 000元，在年数总和法下第2年的折旧额为（　　）元。

A. 2 000　　B. 2 400　　C. 1 800　　D. 1 600

20. 计提固定资产折旧时，可以先不考虑固定资产残值的方法是（　　）。

A. 年限平均法　　B. 工作量法

C. 双倍余额递减法　　D. 年数总和法

21. 企业自行建造固定资产在尚未达到预定可使用年限之前支付的借款利息，计入（　　）。

A. 固定资产价值　　B. 递延资产

C. 财务费用　　D. 管理费用

22. 企业的下列固定资产中，不计提折旧的是（　　）。

A. 闲置的房屋　　B. 融资租入的设备

C. 临时出租的设备　　D. 已提足折旧仍继续使用的设备

23. 与年限平均法相比，采用年数总和法对固定资产计提折旧将使（　　）。

A. 计提折旧的初期，企业利润减少，固定资产净值减少

B. 计提折旧的初期，企业利润减少，固定资产原值减少

C. 计提折旧的后期，企业利润减少，固定资产净值减少

D. 计提折旧的后期，企业利润减少，固定资产原值减少

24. 某设备原价 180 000 元，预计净残值 3 000 元，预计使用年限 10 年，该设备采用年限平均法计提折旧。第 1 年应计提的折旧额是（　　）元。

A. 17 700　　B. 18 000　　C. 32 182　　D. 36 000

25. 企业采用双倍余额递减法计提折旧，每年计提的折旧额（　　）。

A. 逐期递减　　B. 逐期递增　　C. 相等　　D. 或增或减

26. 某项设备原价 90 000 元，预计净残值 1 500 元，预计使用年限 5 年，采用双倍余额递减法计提折旧。第 1 年应计提的折旧额是（　　）元。

A. 17 700　　B. 18 000　　C. 35 400　　D. 36 000

27. 若企业采用双倍余额递减法对某一固定资产计提折旧，该项固定资产账面原值为 50 000 元，预计净残值率为 4%，预计使用年限为 8 年。则企业对此固定资产第 2 年计提折旧额为（　　）元。

A. 6 000　　B. 6 250　　C. 9 375　　D. 12 000

28. 加速折旧意味着（　　）。

A. 缩短固定资产折旧年限　　B. 加大前期折旧

C. 加大后期折旧　　D. 提前报废固定资产

29. 某设备原值为 50 000 元，预计净残值 2 000 元，预计可使用 8 年。若该设备采用年数总和法计提折旧，则其第 1 年的折旧率为（　　）。

A. 12.5%　　B. 21.33%　　C. 22.22%　　D. 19.44%

30. 购入的需安装的生产用固定资产（动产）的增值税进项税额应计入（　　）。

A. 固定资产　　B. 在建工程　　C. 应交税费　　D. 管理费用

31. 固定资产改良过程中发生的支出应记入（　　）账户。

A. “营业外支出”　B. “制造费用”　　C. “管理费用”　　D. “在建工程”

32. 出售固定资产（报废）清理结束后，应将净损失转入（　　）账户。

A. “管理费用”　　B. “制造费用”　　C. “资产处置损益”　D. “营业外支出”

33. 一项固定资产以 10 000 元价格出售，该固定资产累计折旧为 18 000 元，发生清理费 1 200 元。出售净收益为 1 000 元，该固定资产的原始成本为（　　）元。

A. 18 000　　B. 19 000　　C. 19 200　　D. 25 800

34. 某企业在固定资产清查中发现盘亏设备一台，该设备账面原价为 40 000 元，已提折旧 15 000 元。已提减值准备 5 000 元，经批准转销后，应计入营业外支出的金额是（　　）元。

A. 20 000　　B. 25 000　　C. 35 000　　D. 40 000

35. 一辆运输汽车原始价值为100 000元，估计净残值10 000元，预计行驶里程300 000公里，最初3年每年实际行驶里程分别为60 000公里、58 000公里、62 000公里，按工作量法计提折旧，第3年年末该运输车的账面净值为（　　）元。

A. 36 000　　B. 46 000　　C. 54 000　　D. 60 000

36. 某企业固定资产清查时，发现盘亏一台设备，该设备账面原价10 000元，已提折旧6 000元，已提减值准备800元。该设备盘亏净损失的金额是（　　）元。

A. 3 200　　B. 4 000　　C. 4 800　　D. 6 000

37. 一项固定资产以20 000元价格转让出售，该固定资产已提折旧25 000元，出售时获得净收益4 000元，发生清理费用1 000元，则该项固定资产的原值为（　　）元。

A. 40 000　　B. 41 000　　C. 39 000　　D. 35 000

38. 固定资产报废时，用银行存款支付清理费用，应编制的会计分录为（　　）。

A. 借：管理费用
　　贷：银行存款

B. 借：固定资产
　　贷：银行存款

C. 借：固定资产清理
　　贷：银行存款

D. 借：其他业务支出
　　贷：银行存款

二、多项选择题

1. 外购固定资产入账价值包括（　　）。

A. 买价　　B. 运杂费　　C. 安装调试费　　D. 保险费

E. 现金折扣

2. 下列计提折旧的固定资产有（　　）。

A. 已提足折旧但继续使用的设备　　B. 季节性停用的设备

C. 接受捐赠的设备　　D. 当月增加的设备

E. 当月减少的设备

3. 使用中的固定资产包括（　　）。

A. 出租给他人的固定资产　　B. 季节性停用的固定资产

C. 修理停用的固定资产　　D. 未使用的房屋及建筑物

4. 属于企业自有固定资产的有（　　）。

A. 未使用的固定资产　　B. 融资租赁方式租出的固定资产

C. 不需用的固定资产　　D. 融资租赁方式租入的固定资产

5. 影响固定资产折旧的基本因素有（　　）。

A. 固定资产原始价值　　B. 固定资产报废时收回的残余价值

C. 固定资产的使用年限　　D. 折旧方法

E. 预计清理费用

6. 下列固定资产应计提折旧的有（　　）。

A. 融资租入的固定资产　　B. 按规定单独估价作为固定资产入账的土地

C. 大修理停用的固定资产　　D. 未使用的机器设备、房屋及建筑物

7. 计提固定资产折旧应借记的会计科目有（　　）。

A. 制造费用　　B. 销售费用　　C. 管理费用　　D. 其他业务成本

E. 研发支出

8. 下列方法中，不属于固定资产折旧方法的有（ ）。

A. 一次交互分配法 B. 工作量法 C. 年限平均法 D. 年数总和法

E. 计划成本法

9. 计提固定资产折旧时，始终考虑固定资产净残值的折旧方法有（ ）。

A. 年限平均法 B. 工作量法 C. 双倍余额递减法 D. 年数总和法

E. 计划成本法

10. 下列说法中正确的有（ ）。

A. 购置的不需要经过建造过程即可使用的固定资产，按实际支付的买价、包装费、运输费、安装成本、交纳的有关税金，作为入账价值

B. 自行建造的固定资产，按建造该项资产达到预定可使用状态所发生的全部支出，作为入账价值

C. 投资者投入的固定资产，按投资方原账面价值作为入账价值

D. 盘盈的固定资产，按其市价或同类、类似固定资产的市场价格，作为入账价值

11. 下列哪些固定资产在购建时需记入“在建工程”账户（ ）。

A. 不需安装的固定资产

B. 需要安装的固定资产

C. 固定资产的改扩建

D. 应计入固定资产账面价值以外的后续支出

12. 下列事项中，应计入“固定资产清理”账户贷方的有（ ）。

A. 支付固定资产清理费用 B. 收到固定资产清理收入

C. 结转固定资产净值 D. 结转固定资产清理净损失

E. 结转固定资产清理净收益

13. 企业“固定资产清理”账户借方反映的内容有（ ）。

A. 出售固定资产支付的拆卸费 B. 出售固定资产的折余价值

C. 结转的清理固定资产净收益 D. 结转的清理固定资产净损失

E. 出售固定资产的累计折旧

14. 下列业务中通过“固定资产清理”账户核算的是（ ）。

A. 出售固定资产 B. 固定资产报废

C. 固定资产毁损 D. 固定资产对外投资

15. 下列不能在“固定资产”账户核算的有（ ）。

A. 购入正在安装的设备 B. 经营性租入的设备

C. 融资租入的不需安装的设备 D. 购入的不需要安装的设备

16. 双倍余额递减法和年数总和法的共同点有（ ）。

A. 属于加速折旧法 B. 每期折旧率固定

C. 前期折旧高，后期折旧低 D. 不考虑净残值

17. 可以固定资产重置成本入账的情形是（ ）。

A. 盘盈的固定资产 B. 接受捐赠的固定资产

C. 投资转入的固定资产 D. 对外投资的固定资产

三、判断题

1. 企业对经营租入和融资租入的固定资产均不拥有所有权，故租入时均不必进行账务处理，只需在备查簿中进行登记。（ ）

2. 已达到预定可使用状态后尚未办理移交手续，可先按估计价值记账，待确定实际价值后，再行调整。（ ）

3. 由于自然灾害造成的固定资产损失，同自然报废产生的固定资产净损失一样，都应列入“营业外支出”处理。（ ）

4. 固定资产折旧费属于产品成本的组成内容，应全部计入产品成本。（ ）

5. 在不考虑计提固定资产减值准备的情况下，某项固定资产期满报废时，无论采用年限平均法，还是采用加速折旧法，其累计折旧额一定等于该项固定资产应计提折旧总额。（ ）

6. 已达到预定可使用状态的固定资产，无论是否交付使用，尚未办理竣工决算的，应当按照估计价值确认为固定资产，并计提折旧；待办理了竣工决算手续后，再按实际成本调整原来的暂估价值，同时调整原已计提的折旧额。（ ）

7. 专门借款就是为购建固定资产而借入的款项；为生产生产周期在1年以上的产品而借入的款项属于一般借款，其发生的利息费用应该费用化，计入当期损益。（ ）

8. 年数总和法作为加速折旧法，在计算折旧额时，不考虑固定资产的残值收入。（ ）

9. 企业购入的工程物资，其增值税进项税额不能抵扣，而应计入工程物资的成本。（ ）

10. 工作量法计提折旧的特点是每年提取的折旧额相等。（ ）

11. 固定资产的后续支出只能进行资本化，而不能进行费用化。（ ）

12. 采用出包方式进行自制、自建固定资产工程时，预付承包单位的工程价款通过“预付账款”科目核算。（ ）

13. 月份内增加的固定资产当月不提折旧，月份内减少的固定资产当月照提折旧。（ ）

14. 工作量法适用于单位价值较高，但各月的工作量或工作时数不很均衡的固定资产。（ ）

15. 企业在建工程领用本企业的产品，应按产品的成本及销售税额转账，记入在建工程成本。（ ）

16. 企业生产车间以经营租赁方式将一台设备租给某单位使用，该固定资产的所有权尚未转移。企业对该固定资产仍应计提折旧，计提折旧时应记入“制造费用”账户。（ ）

17. 企业将一台不需用的机床对外出售，在计算出售该固定资产的净损益时应考虑营业税。（ ）

18. 购入固定资产时，发生的增值税进项税应记入“应交税费——应交增值税（进项）”账户，不计入固定资产的成本。（ ）

19. 固定资产清理净损益应通过“营业外收支”或“资产处置损益”核算。（ ）

四、计算题

【资料】 西秦股份有限公司2019年12月22日购入一台不需要安装的设备，增值税专用发票注明买价300 000元，增值税48 000元，发生相关运杂费10 000元。预计使用年限5年，预计净残值5 000元。

【要求】

（1）采用双倍余额递减法计算各年折旧额；

（2）采用年数总和法计算各年折旧额。

五、业务题

1. **【目的】** 练习固定资产外购及折旧的相关核算。

【资料】 西秦股份有限公司为一般纳税企业，2019年发生如下经济业务：

（1）2019年3月10日，购入不需安装设备一台，取得的增值税专用发票上注明的设备价款为50万元，增值税进项税额为8万元（规定可抵扣），已银行存款支付的运杂费为1.5万元，设备款项签发一张期限6个月的商业承兑汇票结算。

（2）2019年8月3日，购入一台需要安装的生产用机器设备，取得的增值税专用发票上注明的设备价款为39万元，增值税进项税额为6.24万元（规定可抵扣），支付的运输费为2.7万元（假设不考虑税费抵扣），款项已通过银行支付。

（3）安装设备时，领用本公司原材料一批，价值3.63万元，购进该批原材料时支付的增值税进项税额为5 808元。

（4）领用本公司所生产的产品一批，成本为4.8万元，计税价格5万元，增值税税率16%。

（5）应付安装工人的职工薪酬为7.2万元；假定不考虑其他相关税费。

（6）2019年12月8日达到预定可使用状态。

（7）预计使用年限为 5 年，净残值为 2 万元，该固定资产从 2020 年 1 月开始计提折旧。

【要求】

（1）编制上述业务的会计分录；

（2）分别采用直线法、年数总和法和双倍余额递减法计提第 1 年的折旧额并编制会计分录。

2. **【目的】**练习固定资产自营建造的相关核算。

【资料】（1）西秦股份有限公司自行建造供企业自己使用的生产用机床一台，为建造该机床，企业从外边购进生铁 20 吨，每吨价格为 4 600 元，适用的增值税税率为 16%（规定可抵扣），另对方企业垫付了运费 6 500 元（假设不考虑税费抵扣），所有款项均未支付。

（2）企业开始动工建造机床，领用生铁 18 吨。

（3）在生产过程中，领用了企业的材料油漆 200 千克，每千克的价格为 200 元。

（4）结算工人工资薪酬费用，其中建造该机床的人员的工资薪酬为 8 000 元。

（5）工程完工，经验收合格，投入使用。

（6）将多余的生铁转为生产用材料。

【要求】编制相关业务的会计分录。

3. **【目的】** 练习固定资产改建的相关核算。

【资料】 西秦股份有限公司 2019 年 5 月对某生产线进行改造，该生产线原价 250 万元，已提折旧 48 万元，已提资产减值 2 万元，在改造过程中，领用工程物资 80 万元，发生人工费用 12 万元，耗用其他费用 22 万元（以银行存款支付）。2020 年 12 月该生产线完工投入使用。

【要求】 编制相关业务的会计分录。

4. **【目的】** 练习固定资产处置的相关核算。

【资料】 西秦股份有限公司，2019 年 6 月出售一台不需要的生产设备。该设备于 2000 年 3 月购入，原值为 280 万元，已提折旧 50 万元，已提减值准备 6 万元，支付清理费用 2 000 元，出售收入 230 万元，增值税税率为 16%，所有款项均通过银行结算。

【要求】 编制相关业务的会计分录。

模块七 无形资产

一、单项选择题

1. 无形资产不包括的内容是（　　）。

A. 专利权　　B. 非专利技术　　C. 土地使用权　　D. 商誉

2. 企业进行研究与开发无形资产过程中发生的各项支出，应记入的会计科目是（　　）。

A. “研发支出”　　B. “管理费用”　　C. “无形资产”　　D. “销售费”

3. 时代公司内部研发一项无形资产，共发生研究开发费用700万元，其中开发阶段符合资本化条件后发生支出550万元，2019年初研发成功，并向国家专利局提出专利权申请且获得专利权，实际发生注册登记费等5万元，律师费用2万元。时代公司该项无形资产入账价值为（　　）万元。

A. 707　　B. 555　　C. 550　　D. 557

4. 甲公司内部研究开发一项专利技术项目，2018年1月在研究开发中研究阶段的支出，实际发生有关研究费用60万元。2018年开发阶段的支出，包括实际发生材料费用100万元，参与研究的人员薪酬50万元，假定符合资本化条件。2019年2月依法申请注册取得专利权，发生注册费3万元，律师费7万元，则2019年2月该无形资产的入账价值应为（　　）万元。

A. 160　　B. 210　　C. 70　　D. 10

5. 企业购入或支付土地出让金取得的土地使用权，在开发或建造自用固定资产项目后，作为核算的会计科目是（　　）。

A. “固定资产”　　B. “在建工程”　　C. “无形资产”　　D. “长期待摊费用”

6. 非专利技术（　　）。

A. 不受法律保护　　B. 受到法律保护

C. 有的受法律保护，有的不受法律保护　　D. 在一定期限内受法律保护

7. 无形资产摊销时，应将其摊销价值计入（　　）账户。

A. “无形资产摊销”　　B. “其他业务支出”

C. “制造费用”　　D. “管理费用”

8. 下列各项中，不会引起无形资产账面价值发生增减变动的是（　　）。

A. 对无形资产计提减值准备

B. 企业改变土地使用权的用途，停止自用土地使用权而用于赚取租金或资本增值时

C. 期末无形资产的可收回金额小于其账面价值

D. 无形资产发生的后续支出

9. 某企业以350万元的价格转让一项无形资产，适用的增值税税率为6%。该无形资产原购入价450万元，合同规定的受益年限为10年，法律规定的有效使用年限为12年，转让时已使用4年。不考虑减值准备及其他相关税费。企业在转让该无形资产时确认的净收益为

（　　）万元。

A. 32.5　　B. 50　　C. 62.5　　D. 80

10. 下列关于无形资产的说法中，错误的是（　　）。

A. 如果合同性权利或其他法定权利能够在到期时因续约等延续，续约期应该包括在使用寿命的估计当中

B. 使用寿命有限的无形资产，其残值一般应视为零

C. 使用寿命不确定的无形资产，各期末应进行减值测试

D. 在投资合同或协议约定价值不公允的情况下，接受投资的无形资产应按公允价值入账

11. 企业出售无形资产（有使用价值）发生的净损失，应当记入（　　）科目。

A. “主营业务成本”　　B. “其他业务成本”

C. “管理费用”　　D. “资产处置损益”

12. 企业出租无形资产取得的收入，应当记入（　　）科目。

A. “主营业务收入”　　B. “其他业务收入”

C. “投资收益”　　D. “营业外收入”

13. 某股份有限公司于2019年7月1日，以65万元的价格转让一项无形资产，同时发生相关税费5万元。该无形资产是2016年7月1日购入并投入使用，其入账价值为200万元，预计有效年限为5年。转让该无形资产发生的净损失为（　　）万元。

A. 20　　B. 25　　C. 60　　D. 135

14. 2019年1月16日，A公司将一项专利权出售，取得价款30万元，转让交易适用的增值税税率为6%。该专利权为2016年1月18购入，实际支付的买价70万元，另付相关费用2万元。该专利权的摊销年限为5年，采用直线法摊销。转让该专利形成的净损失为（　　）万元。

A. 2.2　　B. 4.8　　C. 10.8　　D. 11.1

15. A公司2019年2月购买一项专利技术，未支付价款；2019年3月支付全部价款；2019年4月开始进行该项专利技术的测试，2019年5月完成该专利技术测试任务，其达到能够按管理层预定的方式运作所必需的状态。则无形资产的摊销期开始的月份为（　　）。

A. 2月　　B. 3月　　C. 4月　　D. 5月

16. 某企业自行研究开发一项新产品专利技术，在研究开发过程中发生材料费3 000万元、职工薪酬1 000万元，以及其他费用4 000万元，总计8 000万元，其中，符合资本化条件的支出为5 000万元，期末，该专利技术已经达到预定用途。则无形资产的入账成本为（　　）万元。

A. 5 000　　B. 8 000　　C. 0　　D. 4 000

17. 企业转让无形资产使用权的收入属于（　　）。

A. 主营业务收入　　B. 营业外收入　　C. 其他业务收入　　D. 资产处置损益

二、多项选择题

1. 下列各项，属于无形资产的有（　　）。

A. 非专利技术　　B. 商标权　　C. 自创商誉　　D. 报刊名

2. 无形资产的特点有（　　）。
   A. 不存在实物形态　　B. 具有可辨认性
   C. 是一项非货币性资产　　D. 较大的不确定性
3. 下列关于无形资产的会计处理中，错误的有（　　）。
   A. 内部研发项目开发阶段支出，应全部资本化，记入“研发支出——资本化支出”科目
   B. 无形资产预期不能为企业带来经济利益的，应将其账面价值转入营业外支出、资产处置损益
   C. 出租无形资产取得的租金收入和发生的相关费用，应通过其他业务收入和其他业务成本核算
   D. 无形资产的摊销金额均应当计入当期损益
4. 关于无形资产后续计量的处理，下列各项正确的有（　　）。
   A. 对于使用寿命不确定的无形资产，如果有证据表明其使用寿命是有限的，应当按照会计估计变更处理
   B. 对于使用寿命确定的无形资产，如果有证据表明其使用寿命不同于以前估计的，应改变其摊销年限，并按会计估计变更进行处理
   C. 企业有证据表明无形资产的摊销方法不同于以前估计，应改变其摊销方法，并按会计政策变更进行处理
   D. 某项无形资产计提了减值准备，则应对该无形资产的摊销期限作出变更
5. 关于无形资产残值的确定，下列说法正确的有（　　）。
   A. 无形资产的残值一般为零
   B. 估计无形资产的残值应以资产处置时的可收回金额为基础确定
   C. 残值确定以后，在持有无形资产的期间内，至少应于每年年末进行复核
   D. 无形资产的残值重新估计以后高于其账面价值的，无形资产不再摊销，直至残值降至低于账面价值时再恢复摊销
6. 下列有关无形资产的说法中，正确的有（　　）。
   A. 研究过程中发生的费用应在发生当期直接计入当期损益
   B. 开发过程中发生的费用均应计入无形资产价值
   C. 若预计某项无形资产已经不能给企业带来未来经济利益，应将该项无形资产的账面价值全部转入当期损益
   D. 广告费作为无形资产（商标）的后续支出，虽然能提高商标的价值，但一般不计入商标权的成本
7. 企业对使寿命有限的无形资产进行摊销时，其摊销额应根据不同情况分别计入（　　）。
   A. 管理费用　　B. 制造费用　　C. 财务费用　　D. 其他业务成本
8. 下列情况应贷记“无形资产”账户的有（　　）。
   A. 出租无形资产　　B. 报废无形资产
   C. 出售无形资产　　D. 无形资产摊销
9. 企业至少应当于每年年度终了，对使用寿命有限、使用寿命不确定的无形资产的进

行复核，其不正确的会计处理方法有（ ）。

A. 使用寿命有限的无形资产，其使用寿命与以前估计不同的，应当改变摊销期限，按照会计估价变更方法进行处理

B. 使用寿命有限的无形资产，其使用寿命与以前估计不同的，应当改变摊销期限，按照会计政策变更方法进行处理

C. 使用寿命有限的无形资产，其摊销方法与以前估计不同的，应当改变摊销方法，按照会计估价变更方法进行处理

D. 使用寿命有限的无形资产，其摊销方法不得变更，只能采用直线法摊销

E. 对使用寿命不确定的无形资产，如果有证据表明无形资产的使用寿命是有限的，应当估计其使用寿命

10. 下列有关无形资产会计处理的表述中，正确的有（ ）。

A. 企业出售无形资产，应当将取得的价款与该无形资产账面价值的差额计入当期损益

B. 无形资产预期不能为企业带来经济利益的，应当将该无形资产的账面价值计入管理费用

C. 企业摊销无形资产，应当自无形资产可供使用时起，至不再作为无形资产确认时止

D. 只有很可能为企业带来经济利益且其成本能够可靠计量的无形资产才能予以确认

E. 无论使用寿命确定或不确定的无形资产，均应按期摊销

11. 下列有关无形资产摊销的核算处理，不正确的有（ ）。

A. 企业对使用寿命有限的无形资产进行摊销，摊销金额一般应当计入当期损益，同时贷记“累计摊销”科目

B. 企业对使用寿命有限的无形资产进行摊销，摊销金额一般应当计入当期损益，同时贷记“无形资产”科目

C. 企业的无形资产摊销方法，只能采用直线法摊销，不允许采用其他方法摊销

D. 使用寿命有限的无形资产，其残值一定为零

E. 某项无形资产包含的经济利益通过所生产的产品或其他资产实现的，其摊销金额应当计入相关资产的成本

三、判断题

1. 企业取得的土地使用权通常应确认为无形资产。土地使用权用于自行开发建造厂房等地上建筑物时，土地使用权与地上建筑物分别进行摊销和提取折旧。（ ）

2. 企业外购的房屋建筑物支付的价款无法在地上建筑物与土地使用权之间分配的，应当按照《企业会计准则第 4 号——固定资产》规定，确认为固定资产原价。（ ）

3. 使用寿命有限的无形资产应当摊销，使用寿命不确定的无形资产不予摊销。（ ）

4. 由于出售无形资产属于企业的日常活动，因此出售无形资产所取得的收入应通过“其他业务收入”科目核算。（ ）

5. 商誉是企业合并成本大于合并取得被购买方各项可辨认资产、负债公允价值份额的

差额，属于《企业会计准则第 6 号——无形资产》所规范的无形资产。 （ ）

6. 企业自行开发无形资产发生的研发支出，不满足资本化条件的，借记“管理费用”，满足资本化条件的，借记“无形资产”科目。 （ ）

7. 企业自行开发无形资产发生的研发支出，在研究开发项目达到预定用途形成无形资产的，应按“研发支出——资本化支出”科目的余额，转入无形资产。 （ ）

8. 企业内部研究开发项目研究阶段的支出，应当于发生时计入当期损益。 （ ）

9. 对于使用寿命不确定的无形资产，在持有期间内不需要摊销，但需要至少于每一会计期末进行减值测试。对于使用寿命确定的无形资产，会计期末不需要进行减值测试。

（ ）

10. 无形资产在取得的当月开始摊销，处置无形资产的当月不再摊销。 （ ）

11. 企业对于无法合理确定使用寿命的无形资产，应将其成本在不超过 10 年的期限内摊销。

（ ）

四、业务题

1.【目的】练习无形资产取得的核算。

【资料】2019 年西秦股份有限公司发生与无形资产有关的经济事项如下：

（1）购买某项专利技术的使用权，用银行存款支付相关费用 120 000 万元。

（2）企业自行研制一种新工艺，研制过程中投入原材料 30 200 元，应付工资 10 500 元，用银行存款设计费、咨询费、研制费计 8 600 元，其中满足资本化条件的为 3 万元。该项新工艺研制获得成功。

（3）接受某单位以某项专利技术所做的投资，经评估确认该项专利技术价值 64 000 元

（4）接受外商捐赠一新产品的专利权，经专家评估确认其公允价值为 80 000 元。

（5）将某项专利技术向 A 厂投资，其账面净值 40 000 元，双方评估确认价值 42 000 元。

【要求】编制此业务的会计分录。

2. **【目的】**练习无形资产相关的核算。

【资料】西秦股份有限公司有关无形资产业务如下（该企业按年进行无形资产摊销）：

（1）2014 年 1 月 1 日购入一项无形资产，价款 810 万元，另发生相关税费 90 万元。该无形资产有效使用年限为 8 年，估计使用年限为 6 年，预计残值为零。

（2）2016 年 12 月 31 日，由于与该无形资产相关的经济因素发生不利变化，致使其发生减值，估计可收回金额为 375 万元。计提减值准备后原预计使用年限不变。

（3）2018 年 12 月 31 日，由于与该无形资产相关的经济因素发生继续不利变化，致使其继续发生减值，估计可收回金额为 150 万元。计提减值准备后原预计使用年限不变。

（4）2019 年 3 月 1 日西秦股份有限公司公司与 A 公司签订协议，向 A 公司出售该无形资产，价款为 200 万元已收到，增值税率为 6%。

【要求】编制上述业务的会计分录。

3. **【目的】**练习无形资产出租的核算。

【资料】2019 年 5 月 13 日，西秦股份有限公司将某项非专利技术出租给 A 公司，每月获取租金 800 元，收到第 1 期租金。该非专利技术的每月摊销额为 500 元。

【要求】编制此项业务的会计分录。

4.【目的】练习无形资产的相关核算。

【资料】西秦股份有限公司自行研究开发一项专利技术，与该项专利技术有关的资料如下：

（1）2019 年 1 月，该项研发活动进入开发阶段，以银行存款支付的开发费用 280 万元，其中满足资本化条件的为 150 万元。2019 年 7 月 1 日，开发活动结束，并按法律程序申请取得专利权，供企业行政管理部门使用。

（2）该项专利权法律规定有效期为 5 年，采用直线法摊销。

（3）2019 年 12 月 1 日，将该项专利权转让，实际取得价款为 160 万元，应交营业税 8 万元，款项已存入银行。

【要求】

（1）编制西秦股份有限公司发生开发支出的会计分录；

（2）编制西秦股份有限公司转销费用化开发支出的会计分录；

（3）编制西秦股份有限公司形成专利权的会计分录；

（4）计算西秦股份有限公司 2019 年 7 月专利权摊销金额并编制会计分录；

（5）编制西秦股份有限公司转让专利权的会计分录。

项目三　负　　债

模块一　流动负债

一、单项选择题

1. 如果短期借款利息数额很大，而且于到期日一次性地支付，一般利息的核算采用（　　）方法。

A. 一次性地计入财务费用　　B. 计入待摊费用再分摊

C. 按月预提利息　　D. 计入短期借款

2. 某公司 2015 年 10 月 1 日开出一张面值 100 000 元、6 个月到期的商业承兑汇票，票面利率为 5%，则该应付票据 2015 年 12 月 31 日的账面余额为（　　）元。

A. 100 000　　B. 101 250　　C. 105 000　　D. 102 500

3. 开出并承兑的银行承兑汇票到期如果不能支付，则付款人应将应付票据账面余额转入（　　）账户。

A. “应收账款”　　B. “应付账款”　　C. “管理费用”　　D. “短期借款”

4. 在下列有关应付账款的叙述中，不正确的是（　　）。

A. 是用来核算购买材料、商品或接受劳务而发生债务的账户

B. 属于负债类的账户

C. 若有余额一定在贷方

D. 应按债权单位设置明细账

5. 带息的应付票据的入账金额为（　　）。

A. 面值　　B. 面值 + 利息

C. 到期值　　D. 面值 + 利息 + 手续费

6. 在企业预收账款不多的情况下，可利用（　　）账户核算预付账款。

A. 预付账款　　B. 应收账款　　C. 其他应收款　　D. 应付账款

7. 下列关于应付票据处理的说法中正确的是（　　）。

A. 企业到期无力支付的商业承兑汇票，应按账面余额转入“短期借款”

B. 企业支付的银行承兑手续费，计入当期“管理费用”

C. 应付票据到期支付时，按面值结转

D. 企业开出并承兑商业汇票时，应按票据的票面金额贷记“应付票据”

8. 企业将生产的应税消费品直接对外销售所交纳的消费税，应通过（　　）账户核算。
A. “主营业务成本”　　B. “税金及附加”
C. “营业费用”　　D. “管理费用”

9. 企业因债权人撤销而转销无法支付的应付账款时，应将所转销的应付账款计入（　　）。
A. 资本公积　　B. 其他应付款　　C. 营业外收入　　D. 其他业务收入

10. 某公司向职工发放自产的加湿器作为福利，该产品的成本为每台150元，共有职工500人，计税价格为200元，增值税税率为16%，计入该公司应付职工薪酬的金额为（　　）元。
A. 117 000　　B. 75 000　　C. 100 000　　D. 91 000

11. 下列项目中不属于应付职工薪酬核算内容的是（　　）。
A. 津贴和补贴　　B. 奖金　　C. 退休金　　D. 社会保险费

12. 按医务及福利部门人员应付工资额提取的福利费，应借记的账户是（　　）。
A. “应付福利费”　B. “管理费用”　　C. “营业外支出”　　D. “其他业务支出”

13. 应交消费税的委托加工物资收回后用于连续生产应税消费品的，按规定准予抵扣的由受托方代收代缴的消费税，应当记入（　　）科目。
A. “生产成本”　　B. “应交税费”　　C. “主营业务成本”　D. “委托加工物资”

14. 某企业委托外单位加工材料一批，该批委托加工材料为应税消费品。该批材料收回后直接用于销售。该企业应将受托单位代扣代缴的消费税记入（　　）。
A. “委托加工物资”账户的借方
B. “应交税费——应交消费税”账户的借方
C. “营业税金及附加”账户的借方
D. “应交税费——应交消费税”账户的贷方

15. 在以下各项目中，不通过“应交税费”账户核算的是（　　）。
A. 增值税　　B. 房产税　　C. 印花税　　D. 消费税

16. 某企业为增值税一般纳税人，本月发生进项税额160 000元，销项税额180 000元，进项税额转出30 000元，本月应交增值税额是（　　）元。
A. −20 000　　B. −10 000　　C. 20 000　　D. 50 000

17. 根据会计制度规定，增值税一般纳税企业在月份终了时对本月应交未交的增值税的会计处理方法是（　　）。
A. 保留在“应交增值税”明细账户的贷方
B. 保留在“应交增值税”明细账户的借方
C. 将其转入“未交增值税”明细账户的贷方
D. 将其转入“未交增值税”明细账户的借方

18. 某企业为增值税小规模纳税人，购入原材料一批，增值税专用发票上注明的原材料价款20 000元，增值税额3 200元，另支付运杂费600元。则原材料入账价值是（　　）元。
A. 20 540　　B. 20 600　　C. 23 400　　D. 23 800

19. 某企业为增值税一般纳税人，收购农产品一批，实际支付价款12 000元，假定农产品增值税扣除率为10%。则该批农产品的采购成本是（　　）元。
A. 12 000　　B. 10 800　　C. 13 560　　D. 10 256.4

20. 某企业本期实际应上交增值税 800 000 元，消费税 200 000 元，土地增值税 200 000 元。该企业适用的城市维护建设税税率为 7%，则该企业应交的城市维护建设税为（　　）元。

A. 71 000　　B. 70 000　　C. 84 000　　D. 80 000

21. 假设企业每月末计提利息，企业每季度末收到银行寄来的短期借款利息付款通知单时，应贷记（　　）科目。

A. “库存现金”　　B. “银行存款”　　C. “财务费用”　　D. “应付利息”

二、多项选择题

1. 在下列各负债项目中，属于流动负债的有（　　）。

A. 应付债券　　B. 预收账款　　C. 其他应付款　　D. 应交税费

2. 工业企业在月份终了，应将当月工资分配计入（　　）。

A. 生产成本　　B. 制造费用　　C. 销售费用　　D. 管理费用

3. 企业向供货方预付的货款可以在（　　）账户核算。

A. “预付账款”　　B. “应收账款”　　C. “预收账款”　　D. “应付账款”

4. 在下列项目中，属于视同销售行为应计算交纳增值税的有（　　）。

A. 将自产的货物对外投资

B. 将委托加工的货物分配给股东或投资者

C. 将自产、委托加工的货物用于非应税项目

D. 将购进货物用于集体福利或个人消费

5. 在下列税费中，可以记入“税金及附加”账户的有（　　）。

A. 消费税　　B. 增值税　　C. 资源税　　D. 城市维护建设税

6. 下列项目中，属于其他应付款的有（　　）。

A. 应付租入包装物的租金　　B. 职工未领的工资

C. 应付利息　　D. 应付职工福利费

E. 存入保证金

7. “预收账款”科目贷方登记（　　）。

A. 预收货款的数额

B. 企业向购货方发货后冲销的预收货款的数额

C. 收到购货单位补付货款的数额

D. 退回购货方多付货款的数额

8. 下列关于应付账款的处理中，正确的有（　　）。

A. 货物与发票账单同时到达，待货物验收入库后，按发票账单登记入账

B. 货物已到，但至月末时发票账单还未到达，应在月份终了时暂估入账

C. 应付账款一般按到期时应付金额的现值入账

D. 企业采购业务中形成的应付账款，在确认其入账价值时无须考虑将要发生的现金折扣

9. 下列各项中，属于企业应付职工薪酬核算的有（　　）。

A. 职工教育经费　　B. 企业医务人员的工资

C. 住房公积金　　　　　　　　　　D. 非货币性福利

10. 下列各项中属于负债确认条件的有（　　）。

A. 与该义务有关的经济利益很可能流出企业

B. 与该业务有关的经济利益可能流出企业

C. 未来流出的经济利益的金额能够可靠地计量

D. 未来流出的经济利益的金额基本能够确定

11. 下列各项中，属于视同销售行为的有（　　）。

A. 将自产的产品用于建造办公楼

B. 将自产的产品分配给股东

C. 将外购的材料用于建造厂房

D. 将自产的产品用于集体福利

12. 企业按规定应交纳消费税的项目有（　　）。

A. 销售应税消费品取得收入

B. 销售不动产取得收入

C. 出租无形资产取得收入

D. 企业自建厂房领用自产应税消费品

三、判断题

1. 流动负债是指将在 1 年（含 1 年）或超过 1 年的一个营业周期内偿还的债务。（　　）

2. 负债是由于已经发生的和将要发生的交易或事项形成的现时义务。（　　）

3. 对于带息应付票据，偿付时所支付的利息应作为管理费用入账。（　　）

4. 应付账款是企业购买材料、商品等支付给供货者的款项，应以实际收到货物的时间作为其入账时间。（　　）

5. 预收账款不多的企业，可以不设置“预收账款”账户，其发生的预收货款通过“应收账款”账户核算。（　　）

6. 企业按规定计算出应交的城市维护建设税，一般都是借记“税金及附加”科目，贷记“应交税费——应交城市维护建设税”科目。实际上交时，借记“应交税费——应交城市维护建设税”科目，贷记“银行存款”科目。（　　）

7. 企业以自产的产品对外捐赠，由于会计核算时不作销售处理，因此不需交纳增值税。（　　）

8. 暂收个人的款项和经营租入固定资产和包装物的租金应通过“其他应付款”科目核算。（　　）

9. 企业董事会或类似机构通过的利润分配方案中拟分配的现金股利或利润，应确认为应付股利。（　　）

10. 职工薪酬是指为获得职工提供的服务而给予各种形式的报酬和其他相关支出，包括提供给职工的全部货币性薪酬和非货币性福利。（　　）

四、业务题

1.【目的】练习短期借款的核算。

【资料】某企业 1 月 1 日向建设银行借入偿还期为 9 个月，利息按月预提，按季支付月息为 6‰的借款 100 000 元。

【要求】

请编制该笔短期借款的相关分录。

2.【目的】练习应付票据的核算。

【资料】西秦股份有限公司为增值税一般纳税人，从甲公司购入 A 材料一批，增值税专用发票上注明货款 200 000 元，增值税 32 000 元，同时开出一张承兑期限为一个月、年利率 4%、金额为 232 000 元的带息商业汇票。

【要求】

（1）编制购买 A 材料的会计分录；

（2）计算商业汇票利息；

（3）编制承兑商业汇票的相关会计分录。

3. **【目的】**练习增值税、消费税的核算。

【资料】2019 年 9 月 10 日，西秦股份有限公司委托乙公司加工 A 材料（A 材料为应税消费品，非金银首饰）一批，发出原料的实际成本 560 000 元，加工合同规定的加工费 70 000 元（不含增值税），该应税消费品的应缴纳的消费税税率为 30%，该公司的增值税税率为 16%。A 材料加工收回后，继续加工。

【要求】

（1）计算上述业务应支付的增值税、消费税；

（2）计算委托加工物资的成本；

（3）编制相关业务的会计分录。

五、综合练习

1. **【目的】**练习企业相关负债的核算内容。

【资料】西秦股份有限公司增值税一般纳税工业企业，其适用的增值税税率为 16%，2019 年 6 月发生如下经济业务：

（1）6 月 1 日，购入一批工程用原材料（建造办公楼），价款为 25 万元，增值税额为 4.25 万元，并开出一张 3 个月到期的商业承兑汇票，该票据为带息票据，票面利率 8%，于月末计提利息。

（2）6 月 3 日，企业收到乙公司预付货款 20 万元。

（3）6 月 15 日，企业向乙公司发出 60 万元的货物，成本为 50 万元；乙公司已验收入库，并支付了剩余货款及增值税 49.6 万元。

（4）6 月 28 日，经过核算，该月应付生产工人工资 15 万元，车间管理人员工资 8 万元，厂部管理人员工资 2 万元，工程人员工资 1 万元。企业到银行提现，然后全部以现金支付工资。

（5）6 月 30 日，计提票据利息。

【要求】根据上述经济业务编制甲企业会计分录。

模块二 非流动负债

一、单项选择题

1. 下列项目中，不属于长期负债的是（ ）。
A. 长期借款 B. 应付债券 C. 应付票据 D. 长期应付款
2. 固定资产尚未交付使用之前发生的长期借款利息应计入（ ）。
A. 财务费用 B. 生产成本
C. 固定资产购建成本 D. 计划成本
3. 长期借款的利息在（ ）账户核算。
A. 预提费用 B. 其他应付款 C. 长期应付款 D. 长期借款
4. 单利指的是在计算利息时，根据（ ）计算利息。
A. 本金 B. 前一期利息 C. 前期利息和 D. 本金及前期利息和
5. 下列利息支出中，可以予以资本化的是（ ）。
A. 为对外投资而发生的借款利息支出
B. 为生产经营活动而发生的长期借款利息支出
C. 为固定资产购建而发生的专门借款利息支出
D. 清算期间发生的长期借款利息支出
6. 某企业要发行一种债券，票面利率为9%，当市场利率为7%时，应该（ ）发行。
A. 溢价 B. 平价 C. 折价 D. 降低利率
7. 某企业发行到期一次还本付息的债券，按其票面利率计算确定的应付未付利息，应该记入（ ）科目。
A. “应付债券——应计利息” B. “应付债券——利息调整”
C. “应付利息” D. “应付债券——面值”
8. 下列各项中，应通过“其他应付款”科目核算的是（ ）。
A. 租入包装物支付的押金 B. 应交城市维护建设税
C. 存入保证金 D. 应付销售人员工资
9. 企业生产经营期间发生的下列各项利息支出，不应该计入财务费用的是（ ）。
A. 应付债券费用化的利息 B. 带息应付票据的利息
C. 财务人员的工资 D. 长期借款费用化的利息
10. 企业计提分期付息的长期借款的利息时贷方计入的会计科目是（ ）。
A. “短期借款” B. “财务费用” C. “应付利息” D. “应收利息”

二、多项选择题

1. 下列项目中，属于借款费用的有（ ）。
A. 外币借款发生的汇兑损失 B. 发行公司债券的印刷费
C. 发行公司股票的佣金 D. 借款的手续费
2. 企业为购建固定资产专门借入的款项所发生的借款费用，停止资本化的时点有

（　　）。

A. 所购建固定资产与设计要求或合同要求相符或基本相符时

B. 固定资产的实体建造工作已经全部完成或实质上已经完成时

C. 继续发生在所购建固定资产上的支出金额很少或者几乎不再发生时

D. 需要试生产的固定资产在试生产结果表明资产能够正常生产出合格产品时

3. 在资产购建或研发期间，企业为下列长期借款计提的利息中，应计入资产成本的有（　　）。

A. 为研发无形资产而借入的专门借款

B. 筹建期间借入的长期借款

C. 为制造生产周期较长的产品而借入的专门借款

D. 为建造办公楼而借入的专门借款

4. 下列项目属于长期负债的有（　　）。

A. 长期借款　　B. 应付票据

C. 应付工资　　D. 融资租入固定资产应付款

5. 长期负债发生的费用，可以计入（　　）。

A. 财务费用　　B. 在建工程　　C. 营业外支出　　D. 长期待摊费用

6. 在运用实际利率方法进行摊销折价时，下列叙述正确的有（　　）。

A. 利息逐步增加

B. 利息逐步减少

C. 折价摊销额逐期增加

D. 每期应摊销的折价是每期中用实际利率计算的利息减去应支付的利息所剩余的部分

7. 按照我国会计制度规定，长期应付款包括（　　）。

A. 应付职工福利费　　B. 补偿贸易引进设备应付款

C. 应付债券　　D. 融资租入固定资产应付款

8. 企业在确认长期借款的利息费用时，可能涉及的科目有（　　）。

A. “在建工程”　　B. “管理费用”　　C. “财务费用”　　D. “固定资产”

9. 企业在筹建期间按面值发行分期付息到期还本的债券，按期计提利息时，可能涉及的会计科目有（　　）。

A. “财务费用”　　B. “应付利息”　　C. “应付债券”　　D. “管理费用”

三、判断题

1. 长期借款一般按实际发生额计价，长期借款的利息支出和有关费用，以及外币折合差额，只有在实际支付后方能计入长期负债。（　　）

2. “长期借款”账户的月末余额，反映企业尚未支付的各种长期借款的本金和利息。（　　）

3. 长期借款是企业为了解决流动资金不足而借入的款项。（　　）

4. 长期借款所发生的费用，由于借款用途的不同，其承担对象也不同。（　　）

5. 债券折价是债券发行企业因票面利率比市场利率低而给予投资者的利息补偿。（　　）

6. 对于溢价发行的分期付息债券，在采用实际利率法进行摊销时，各期确认的实际利息费用会逐期减少。（　　）

7. 为投资而发生的借款费用应予以资本化。（　　）

8. 企业长期应付款是长期借款中的一个项目。（　　）

9. 企业购入资产超过正常信用条件延期付款实质具有融资性质时，应按购买价款的现值，借记“固定资产”“在建工程”等科目，按应支付的价款总额，贷记“长期应付款”科目，按期差额借记“未确认融资费用”科目。（　　）

四、业务题

1. **【目的】**练习长期借款的核算。

【资料】西秦股份有限公司2019年1月1日，购建固定资产向银行借入长期借款60万元，期限5年，年利率8%，单利计息，每年计息一次，到期一次还本付息。第1年为固定资产在建期，第1年年末固定资产达到预定可使用状态投入使用，第1年的借款费用符合资本化条件，可全额资本化。

【要求】作出取得借款和前两年计息的会计分录。

2. **【目的】**练习长期借款、应付债券的核算。

【资料】西秦股份有限公司为建造办公楼借入两笔资金：

（1）2019年1月1日从银行取得长期借款2 000万元，期限为3年，年利率为6%，每年单利计息一次，到期本息一次支付。

（2）2018年7月1日按面值发行公司债券5 000万元，期限为5年，年利率为8%，债券每半年付息一次，到期还本。

上述款项已存入银行，该工程于2015年12月31日完工并交付使用。

【要求】编制以下经济业务的会计分录：

（1）2018 年 1 月 1 日取得长期借款；

（2）2018 年 12 月 31 日计提债券利息；

（3）2019 年 12 月 31 日计提长期借款利息；

（4）债券到期偿还本金。

3. **【目的】**练习应付债券的核算。

【资料】A 公司经批准于 2019 年 1 月 1 日发行 5 年期公司债券，债券面值为 2 000 000 元（该债券不是为购建固定资产而发行的），票面利率为 6%，每年年末付息一次，到期一次还本。假设债券发行时的市场利率为 5%，A 公司按 2 086 540 元的价格发行，款项已全部收讫并存入银行，A 公司采用实际利率法核算利息费用。

【要求】根据上述资料编制 A 公司 2019 年 1 月 1 日债券发行、每年年末计提利息、2020 年 1 月 1 日支付利息的会计分录。

项目四　所有者权益

一、单项选择题

1. 所有者权益是指企业所有者对企业（　　）的要求权。

A. 全部资产　　B. 货币资产　　C. 净资产　　D. 全部负债

2. 所有者权益在数量上等于（　　）。

A. 流动资产减去流动负债后的差额　　B. 全部资产减去流动负债后的差额

C. 全部资产减去长期负债后的差额　　D. 全部资产减去全部负债后的差额

3. 甲企业收到乙公司作价投入的库存商品一批，该批库存商品双方确认的价值为300 000元，经税务部门认定应交的增值税为51 000元，乙公司向甲企业开具增值税专用发票，甲企业同时向乙公司支付了增值税款。甲企业应记入“实收资本”科目的金额为（　　）元。

A. 300 000　　B. 351 000　　C. 301 000　　D. 343 000

4. 甲公司为增值税一般纳税人，于2019年1月设立时接受一台生产设备投资，实收资本入账金额为（　　）。（假定不产生资本公积）

A. 固定资产账面价值加上进项税额　　B. 固定资产的账面价值

C. 评估确认的固定资产价值　　D. 固定资产的公允价值加上进项税额

5. 甲股份有限公司委托某证券公司发行普通股2 000万股，每股面值1元，每股发行价格为4元。根据约定，股票发行成功后，甲股份有限公司应按发行收入的2%向A证券公司支付发行费。如果不考虑其他因素，股票发行成功后，甲股份有限公司记入“资本公积”科目的金额应为（　　）万元。

A. 40　　B. 160　　C. 5 840　　D. 6 000

6. 下列项目中，不属于资本公积核算内容的是（　　）。

A. 接受捐赠的无形资产

B. 发行股票时实际收到的款额超过股票面值总额的部分

C. 持股比例不变的情况下，被投资单位除净损益以外的所有者权益增加，权益法下投资单位所有者权益的增加数额

D. 企业收到投资者出资额超出其在注册资本或股本中所占份额的部分

7. 正保公司2019年“盈余公积”科目的年初余额为1 000万元，本期提取盈余公积500万元，用盈余公积分配现金股利600万元，用盈余公积弥补亏损200万元。该公司“盈余公积”科目的年末余额为（　　）万元。

A. 710　　B. 700　　C. 900　　D. 1 500

8. 企业的投资者投入的资本大于注册资本的数额应计入（　　）。

A. 实收资本　　B. 资本公积　　C. 盈余公积　　D. 未分配利润

9. 企业发生的下列会计事项中，引起所有者权益总额变动的是（　　）。

A. 提取盈余公积　　B. 用盈余公积弥补亏损

C. 用盈余公积转增资本　　D. 分配现金股利

10. 企业的盈余公积和未分配利润合称为（　　）。

A. 资产　　B. 利润　　C. 投入资本　　D. 留存收益

11. 2019 年 1 月 1 日某企业所有者权益情况如下：实收资本 400 万元，资本公积 52 万元，盈余公积 56 万元，未分配利润 118 万元。则该企业 2019 年 1 月 1 日留存收益为（　　）万元。

A. 64　　B. 76　　C. 140　　D. 174

12. 甲企业 2019 年年初未分配利润为借方余额 10 万元，当年净利润为 30 万元，按 10% 的比例提取盈余公积，当年分配现金股利 5 万元。不考虑其他事项，该企业 2019 年年末未分配利润为（　　）万元。

A. 13　　B. 12　　C. 17　　D. 18

13. 企业用盈余公积转增资本时，保留的盈余公积金余额不得少于注册资本的（　　）。

A. 15%　　B. 20%　　C. 25%　　D. 50%

14. 法定盈余公积应按税后利润的一定比例提取，当累积的盈余公积金达到注册资本的（　　）时，企业可以不再提取。

A. 10%　　B. 20%　　C. 25%　　D. 50%

15. 企业用盈余公积或资本公积转增资本后，下列表述中正确的是（　　）。

A. 会导致所有者权益的增加

B. 会导致所有者权益的减少

C. 不会引起所有者权益总额及其结构的变化

D. 不会引起所有者权益总额的变化，但会导致其结构的变动

16. 企业用盈余公积弥补亏损时，正确的会计处理是（　　）。

A. 不作账务处理

B. 借记“利润分配”科目，贷记“盈余公积”科目

C. 借记“盈余公积”科目，贷记“本年利润”科目

D. 借记“盈余公积”科目，贷记“利润分配”科目

17. 某企业年初未分配利润贷方余额 550 万元，当年利润总额为 600 万元，应交的所得税为 100 万元，该企业按 10% 提取法定盈余公积。则该企业可供分配的利润为（　　）万元。

A. 90　　B. 500　　C. 1 000　　D. 1 050

18. 某企业本年增加实收资本 40 万元，其中包括盈余公积转增资本 25 万元，接受固定资产投资 6 万元，货币投资 9 万元。因上述业务该企业年末所有者权益增加（　　）万元。

A. 9　　B. 15　　C. 25　　D. 40

19. 某企业由甲、乙、丙三位股东各出资 50 万元设立。三年后，丁投资者以 90 万元资金投入企业，同时取得 25% 的股权。企业收到该笔投资时，应记入“股本”账户的金额为（　　）万元。

A. 37.5　　B. 50　　C. 60　　D. 90

二、多项选择题

1. 公司制企业的所有者权益构成项目包括（　　）。
   A. 实收资本或股本　B. 资本公积　C. 盈余公积　D. 未分配利润
2. 企业的留存收益包括（　　）。
   A. 实收资本　B. 资本公积　C. 盈余公积　D. 未分配利润
3. 企业的盈余公积包括（　　）。
   A. 法定盈余公积　B. 任意盈余公积　C. 法定公益金　D. 应付福利费
4. 企业在不变更注册登记的情况下，可自行弥补亏损的渠道包括（　　）。
   A. 用实收资本弥补　B. 用资本公积弥补
   C. 用盈余公积弥补　D. 用未分配利润弥补
5. 将资本公积转增资本时，会引起（　　）。
   A. 资产的增加　B. 资本公积的减少　C. 实收资本的增加　D. 所有者权益的增加
6. 某企业为股份有限公司，创立时共发行10 000股股票，每股面值10元，售价每股15元，该企业应做的会计分录为（　　）。
   A. 借记“现金/银行存款”150 000元
   B. 借记“现金”100 000元
   C. 贷记“实收股本”100 000元
   D. 贷记“资本公积——股本溢价”50 000元
7. 下列交易或事项能引起所有者权益总额增加的有（　　）。
   A. 用资本公积转增资本　B. 本年度实现净利润
   C. 接受外商捐赠设备一台　D. 本年度有新的投资者投入资本
8. 股份有限公司委托其他单位发行股票时支付的手续费或佣金等相关费用，在做账务处理时涉及的科目有（　　）。
   A. “资本公积”　B. “盈余公积”
   C. “利润分配——未分配利润”　D. “财务费用”
9. 下列事项中，引起所有者权益减少的有（　　）。
   A. 接受投资者投资　B. 经批准减资
   C. 宣告现金股利　D. 宣告股票股利
10. 下列会计事项中，不引起所有者权益总额变化的有（　　）。
    A. 资本公积转增资本　B. 盈余公积转增资本
    C. 发放股票股利　D. 发生亏损
11. 企业吸收投资者出资时，下列会计科目的余额不会发生变化的有（　　）。
    A. 库存股　B. 股本　C. 长期股权投资　D. 资本公积

三、判断题

1. 当企业投资者投入的资本高于其注册资本时，应当将高出部分计入营业外收入。（　　）
2. 投资者投入企业的资本应全部计入“实收资本”账户。（　　）

3. 股份有限公司发行股票发生的手续费和佣金等费用，先从发行股票的溢价收入中抵销，发行股票的溢价不足冲减或无溢价，计入财务费用。（ ）

4. 企业增发新股，企业的股本或实收资本金额增加，但是所有者权益总额不发生变化。（ ）

5. 企业的留存收益就是指企业的未分配利润。（ ）

6. 无论是以税前利润还是以税后利润弥补亏损，会计上均无须作任何账务处理。（ ）

7. 经过股东大会或类似权力机构批准，企业可以用资本公积转增资本。（ ）

8. 企业将资本公积转增资本并不引起所有者权益总数的增加，而只是引起企业所有者权益结构的变化。（ ）

9. 企业接受投资者作价投入的材料物资，应按投资合同或协议约定价值确定材料物资价值（投资合同或协议约定价值不公允的除外）。（ ）

10. 尽管所有者权益和负债都是对企业资产的要求权，但是他们的性质是不一样的。（ ）

11. 企业实际支付已宣告的现金股利会导致企业所有者权益减少。（ ）

四、业务题

1. **【目的】**练习企业所有者权益变动的核算内容。

【资料】正远公司（有限责任公司）2019 年发生有关经济业务如下：

（1）按照规定办理增资手续后，将盈余公积60 万元转增注册资本，其中 A、B、C 三家公司各占 1/3。

（2）用盈余公积 25 万元分配现金股利。

（3）从税后利润中提取法定盈余公积 30 万元。

（4）接受 D 公司加入联营，经投资各方协议，D 公司实际出资额中 300 万元作为新增注册资本，使投资各方在注册资本总额中均占 1/4。D 公司以银行存款 350 万元缴付出资额。

【要求】根据上述经济业务（1）~（4）编制正远公司的相关会计分录。（不要求编制将利润分配各明细科目余额结转到“利润分配——未分配利润”科目中的分录，分录中的金额单位为万元）

2.【目的】练习实收资本的核算。

【资料】甲、乙两企业共同投资成立腾飞公司，2019 年腾飞公司发生的部分经济业务如下：

（1）乙公司投入新设备一台，购建价格为 250 000 元，已投入使用。

（2）甲公司按协议规定投入的 800 000 元资金，存入银行。

（3）乙公司投入的一台旧机器，该机器重置价值 600 000 元，经过评估确认其现在的价值为 400 000 元。

（4）甲公司投入材料一批，其评估价值为 300 000 元。

（5）获得乙公司一项专利技术的使用权，经协商该项专利技术作价 150 000 元。

【要求】根据以上资料编制会计分录。

3.【目的】练习盈余公积的核算。

【资料】腾飞企业 2019 年度发生下列盈余公积金业务。

（1）企业 2019 年度实现净利润为 40 000 000 元（无以前年度未弥补的亏损）。根据法律规定：按 10% 提取法定盈余公积；根据企业权力机构决定，按 5% 提取任意盈余公积；分配给投资者利润 12 000 000 元。

（2）企业 2019 年度经股东会批准，决定用以前年度提取的任意盈余公积弥补当年发生的亏损，当期弥补亏损的数额为 500 000 元。

（3）企业 2019 年度经股东会批准，决定于当年用法定盈余公积 1 000 000 元转增资本，并已办理完有关变更注册手续。

（4）企业为维护其形象，经股东会批准，决定于 2019 年度，动用任意盈余公积 2 000 000 元向投资者分配利润，并用银行存款支付其应付的利润。

【要求】根据上述资料编制相关会计分录。

项目五　收　　入

一、单项选择题

1. 按照会计准则的规定，下列项目中不应确认为收入的是（　　）。

A. 出售原材料取得的收入　　B. 设备出租收入

C. 违约金收入　　D. 销售商品收取的不含税价款

2. 下列项目中，属于收入要素的是（　　）。

A. 为第三方代收的款项　　B. 为客户代收的款项

C. 让渡资产使用权收入　　D. 处置无形资产收益

3. 下列项目中，作为本企业收入的是（　　）。

A. 特许权费收入　　B. 罚款收入

C. 出售固定资产收入　　D. 旅行社购买门票收取的票款

4. 企业采用预收账款方式销售商品，确认销售收入的时点通常是（　　）。

A. 收到第一笔货款时　　B. 按合同约定的收款日期

C. 发出商品时　　D. 收到支付凭证时

5. 企业对外销售需要安装的商品时，若安装和检验属于销售合同的重要组成部分，则确认该商品销售收入的时间是（　　）。

A. 发出商品时　　B. 收到商品销售货款时

C. 商品运抵并开始安装时　　D. 商品安装完毕并检验合格时

6. 企业委托其他单位代销商品，确认销售收入实现的时间是（　　）。

A. 代销商品发出时　　B. 合同约定的收款日期

C. 收到代销清单时　　D. 每月月末

7. 采用收取手续费代销方式销售商品，受托方在商品销售后，应确认收入的款项是（　　）。

A. 销售价款　　B. 销售价款和手续费

C. 手续费　　D. 销售价款和增值税

8. 同一会计年度内完成的劳务，确认收入的时间是（　　）。

A. 资产负债表日　　B. 劳务成本发生时

C. 劳务开始时　　D. 劳务完成时

9. 跨年度完成的劳务，若资产负债表日提供劳务交易的结果能够可靠的估计，企业应当（　　）。

A. 不确认收入　　B. 按完工百分比法确认劳务收入

C. 按已经发生的劳务成本确认收入　　D. 按能得到补偿的劳务成本确认收入

10. 企业销售商品时发生的销售折扣与折让应（　　）。

A. 增加管理费用　　B. 增加销售费用

C. 冲减销售成本　　D. 冲减销售收入

11. 某企业2019年8月1日赊销一批商品，售价为120 000元（不含增值税），适用的增值税税率为16%。规定的现金折扣条件为2/10，1/20，n/30，计算现金折扣时考虑增值税。客户于2019年8月15日付清货款，该企业收款金额为（　　）元。

A. 118 800　　B. 137 592　　C. 137 808　　D. 140 400

12. A公司销售一批商品给B公司，开出的增值税专用发票上注明的售价为10 000万元。增值税税额为1 600万元。该批商品的成本为8 000万元。货到后B公司发现商品质量不合格，要求在价格上给予3%的折让。B公司提出的销售折让要求符合原合同的约定，A公司同意并办妥了相关手续，假定销售商品后还未确认收入，则A公司应确认销售商品收入的金额为（　　）万元。

A. 351　　B. 9 700　　C. 11 349　　D. 11 700

13. 某企业销售商品7 000件，每件售价50元（不含增值税），增值税税率16%，企业为购货方提供的商业折扣为15%，提供的现金折扣条件为2/10，1/20，n/30（计算现金折扣时不考虑增值税）。该企业在这项交易中应确认的收入金额为（　　）元。

A. 320 000　　B. 308 200　　C. 297 500　　D. 320 200

14. 下列项目中，应计入其他业务收入的是（　　）。

A. 转让无形资产所有权收入　　B. 出租固定资产收入

C. 罚款收入　　D. 股票发行收入

15. 2018年9月1日，某公司与客户签订一项安装劳务合同，预计2019年12月31日完工；合同总金额为2 400万元，预计总成本为2 000万元。截止到2018年12月31日。该公司实际发生成本600万元，预计将要发生成本1 400万元。假定该合同的结果能够可靠地估计，采用已经发生的成本占估计总成本的比例确认收入。2018年度对该项合同确认的收入为（　　）万元。

A. 720　　B. 640　　C. 350　　D. 600

16. 甲公司2019年5月13日与客户签订了一项工程劳务合同，合同期9个月，合同总收入500万元，预计合同总成本350万元；至2019年12月31日，实际发生成本160万元。甲公司按实际发生的成本占预计总成本的百分比确定劳务完成程度。在年末确认劳务收入时，甲公司发现，客户已发生严重的财务危机，估计只能从工程款中收回成本150万元。则甲公司2019年度应确认的劳务收入为（　　）万元。

A. 228.55　　B. 160　　C. 150　　D. 10

17. 下列项目中，属于投资收益的是（　　）。

A. 按规定收到的补贴收入　　B. 对外索赔的收入

C. 对外投资分回的利润　　D. 固定资产变卖收益

18. 下列事项中，属于营业外收入的是（　　）。

A. 罚款收入　　B. 资产重估增值　　C. 特许权费收入　　D. 利息收入

19. 下列各项业务中，不应通过营业外收入科目核算的有（　　）。
A. 存货盘盈　　B. 转销无法偿付的应付账款
C. 接受现金捐赠　　D. 接受政府补助

20. 下列各项中，应计入营业外收入的是（　　）。
A. 银行存款利息收入　　B. 存货盘盈
C. 债务重组利得　　D. 确实无法收回的应收账款

二、多项选择题

1. 企业获得收入可能表现为（　　）。
A. 资产的增加　　B. 负债的减少　　C. 费用的减少　　D. 代收款的增加
E. 预收款的增加

2. 销售商品收入的确认需同时满足的条件有（　　）。
A. 企业已将商品所有权上的主要风险和报酬转移给购货方
B. 企业既没有保留通常与所有权相联系的继续管理权，也没有对已售出的商品实施控制
C. 与交易相关的经济利益能够流入企业
D. 相关的收入能够可靠地计量
E. 相关的成本能够可靠地计量

3. 下列有关收入确认的表述中，正确的有（　　）。
A. 如劳务的开始和完成分属于不同会计期间，应按完工百分比法确认收入
B. 在收取手续费方式下，委托代销方式销售商品时要在收到受托方开具的代销清单时确认收入
C. 资产使用费收入应当按合同规定确认
D. 在预收款销售方式下，收到货款时确认收入

4. 下列各项中，不应计入商品销售收入的有（　　）。
A. 已经发生的销售折让　　B. 应收取增值税销项税额
C. 实际发生的商业折扣　　D. 应收取的代垫运杂费

5. 下列事项中，属于其他业务收入的有（　　）。
A. 无形资产出租收入　B. 罚没收入　　C. 包装物出租收入
D. 无形资产出售净收入　　E. 材料销售收入

6. 企业让渡资产使用权的收入，包括（　　）。
A. 特许权费收入　　B. 入场费收入　　C. 利息收入
D. 出售固定资产收入　　E. 使用费收入

7. 收入按照性质不同分为（　　）。
A. 销售商品收入　　B. 提供劳务收入　　C. 营业外收入
D. 建造合同收入　　E. 让渡资产使用权收入

8. 企业跨期提供劳务的，期末可以按照完工百分比法确认收入的条件包括（　　）。
A. 劳务总收入能够可靠地计量　　B. 相关的经济利益能够流入企业
C. 劳务的完成程度能够可靠地确定　　D. 劳务总成本能够可靠地计量

9. 下列各项中，可用于确定所提供劳务完工进度的方法有（　　）。
A. 根据测量的已完工作量加以确定
B. 按已经发生的成本占估计总成本的比例计算确定
C. 按已经收到的金额占合同总金额的比例计算确定
D. 按已经提供的劳务占应提供劳务总量的比例计算确定

10. 下列各项中，属于让渡资产使用权收入的是（　　）。
A. 转让无形资产使用权取得的收入
B. 以经营租赁方式出租固定资产取得的租金
C. 进行债权投资收取的利息
D. 进行股权投资取得的现金股利

三、判断题

1. 企业的收入包括主营业务收入、其他业务收入和营业外收入。（　　）

2. 企业销售商品一批，并已收到款项，即使商品的成本不能够可靠地计量，也要确认相关的收入。（　　）

3. 已完成销售手续、但购买方在当月尚未提取的产品，销售方仍应作为本企业库存商品核算。（　　）

4. 本企业收入只包括本企业经济利益的流入，不包括为第三方或客户代收的款项。（　　）

5. 核算代销商品，委托方应设置“受托代销商品”“代销商品款”账户。（　　）

6. 收到包装物的租金应计入营业外收入。（　　）

7. 以销售商品、提供劳务为主营业务的企业，销售单独计价的包装物实现的收入通过“主营业务收入”科目进行核算。（　　）

8. 企业劳务的开始和完成分属于不同的会计期间，且在资产负债表日提供劳务交易的结果能够可靠估计的，应采用完工百分比法确认劳务收入。（　　）

9. 在采用完工百分比法确认收入时，本年确认的收入 = 劳务总收入 × 本年年末劳务的完成程度。（　　）

10. 企业应将让渡资产使用权取得的收入计入营业外收入。（　　）

四、业务题

1. 西秦股份有限公司为增值税一般纳税人，适用的增值税税率为 16%。2019 年 3 月发生下列销售业务：

（1）3 日，向 A 公司销售商品 1 000 件，每件商品的标价为 80 元。为了鼓励多购商品，甲公司同意给予 A 公司 10% 的商业折扣。开出的增值税专用发票上注明的售价为 72 000 元，增值税额为 11 520 元。商品已发出，货款已收存银行。

（2）5 日，向 B 公司销售商品一批，开出的增值税专用发票上注明的售价为 60 000 元，增值税额为 9 600 元。甲公司为了及早收回货款，在合同中规定的现金折扣条件为：2/10，1/20，n/30。

（3）13 日，收到 B 公司扣除所享受现金折扣后的全部款项，并存入银行。假定计算现金折扣时不考虑增值税。

（4）15 日，向 C 公司销售商品一批，开出的增值税专用发票上注明的售价为 90 000 元，增值税额为 14 400 元。货款尚未收到。

（5）20 日，C 公司发现 15 日所购商品不符合合同规定的质量标准，要求甲公司在价格上给予 8% 的销售折让。甲公司经查明后，同意给予折让，收到 C 公司转来的税务部门出具的增值税专用发票（红字）。

【要求】编制西秦股份有限公司上述销售业务的会计分录。

（“应交税费”科目要求写出明细科目和专栏名称；本题不要求编制结转销售成本的会计分录）

2. **【目的】**练习销售商品的核算。

【资料】西秦股份有限公司为增值税一般纳税人，适用的增值税税率为 16%，销售价款中均不含增值税。该公司 2019 年 3 月发生如下经济业务：

（1）采取分期收款方式销售商品一批，成本 180 000 元，售价 200 000 元。合同约定从本月起分四个月等额收款，当月末收到第一批货款。

（2）委托 B 公司代销商品一批，成本 20 000 元，协议价 24 000 元，3 月 31 日收到代销清单。

（3）赊销给 C 公司商品一批，成本 15 000 元，售价 20 000 元，商品已发出，但 C 公司提出退货，月末双方未达成一致意见。

【要求】

（1）判断上述各项经济业务是否可以确认为 3 月的销售收入；

（2）计算 A 公司 3 月销售收入和销售成本总额；

（3）编制上述业务的会计分录。

3.【目的】练习劳务收入的核算。

【资料】某管理咨询公司接受甲客户委托，自 2018 年 12 月 1 日至 2019 年 3 月 31 日为该客户提供咨询服务。双方约定服务费共计 300 000 元，每月末结算一次，每次结算 75 000 元。截至 2018 年 12 月 31 日，该公司发生劳务成本 65 000 元，均以银行存款支付，因客户财务困难，只收到该客户支付的 50 000 元咨询费，余款能否收回无法估计。（增值税率 69%）

【要求】

编制上述业务的会计分录。

4.【目的】练习让渡资产使用权收入的核算。

【资料】2018 年 3 月 10 日，西秦股份有限公司与甲公司签订转让商标使用权的合同，合同约定本公司按甲公司年销售收入的 20% 收取商标使用费，适用增值税率为 6%。2018 年度甲公司取得销售收入 200 万元；2019 年度甲公司取得销售收入 350 万元。

【要求】

（1）编制西秦股份有限公司 2018 年的相关会计分录；

（2）编制西秦股份有限公司 2019 年的相关会计分录。

项目六　费　　用

一、单项选择题

1. 下列各项中，不属于费用的是（　　）。

A. 主营业务成本　　B. 销售费用　　C. 营业外支出　　D. 税金及附加

2. 下列项目中，记入“税金及附加”账户的是（　　）。

A. 印花税　　B. 增值税　　C. 广告费　　D. 所得税

3. 下列税金中，应通过“税金及附加”账户核算的是（　　）。

A. 增值税　　B. 税金及附加　　C. 个人所得税　　D. 所得税

4. 下列事项中，应在“管理费用”账户中列支的是（　　）。

A. 自然灾害造成存货毁损的净损失　　B. 存货采购中发生的定额内损耗

C. 工程用物资的盘亏损失　　D. 管理不善造成的存货盘亏损失

5. 某企业厂部行政管理人员工资 30 000 元，医务及福利部门人员工资 9 000 元，退休人员工资 2 000 元，长期病假人员工资 3 000 元。按 14% 计提职工福利费。应记入“管理费用”账户借方的福利费是（　　）元。

A. 6 160　　B. 5 880　　C. 5 460　　D. 4 900

6. 企业为本单位职工支付的劳动保险费应记入的账户是（　　）。

A. “管理费用”　　B. “销售费用”　　C. “营业外支出”　　D. “应付职工薪酬”

7. 下列项目中，应计入管理费用的有（　　）。

A. 无形资产摊销　　B. 支付房产税　　C. 广告费

D. 厂部领用低值易耗品摊销　　E. 捐赠支出

8. 下列项目中，应计入财务费用的是（　　）。

A. 债券投资利息收入　　B. 金融机构手续费

C. 现金折扣　　D. 罚款支出

9. 汇兑损益应记入的账户是（　　）。

A. “管理费用”　　B. “财务费用”　　C. “投资收益”　　D. “销售费用”

10. 下列项目中，应计入营业外支出的是（　　）。

A. 存货跌价损失　　B. 坏账损失

C. 长期投资减值损失　　D. 债务重组损失

11. 某企业 2019 年 6 月发生一场火灾，损失共计 150 万元，其中流动资产损失 80 万元，固定资产损失 70 万元。经查明系雷击造成。该企业收到保险公司流动资产赔偿款 40 万元，固定资产赔偿款 20 万元。企业由于这场火灾损失应计入营业外支出的金额为（　　）万元。

A. 40　　B. 50　　C. 90　　D. 150

12. 企业由于被没收财产而造成的损失以及支付各种税收的滞纳金和罚款在（　　）列支。

A. 营业支出　　B. 营业外支出　　C. 财务费用　　D. 税后利润

13. 甲企业 2019 年 5 月发生制造费用 50 万元，管理费用 4 万元，销售费用 10 万元，那么甲企业 2019 年 5 月的费用总额合计为（　　）万元。

A. 14　　B. 54　　C. 60　　D. 64

14. 随同产品出售且单独计价的包装物，应于包装物发出时结转其成本，记入（　　）科目。

A. “销售费用”　　B. “其他业务成本”　　C. “管理费用”　　D. “营业外支出”

15. 企业对于已经发出且符合收入确认条件的商品（未计提存货跌价准备），其成本应借记的科目是（　　）。

A. “在途物资”　　B. “发出商品”　　C. “库存商品”　　D. “主营业务成本”

16. 2019 年 8 月，某公司销售一批原材料，开具的增值税专用发票上注明的售价为 5 000 元，增值税税额为 800 元，材料成本 4 000 元，则该企业编制会计分录时，应借记的其他业务成本科目的金额是（　　）元。

A. 4 000　　B. 5 000　　C. 5 800　　D. 9 000

17. 某企业某月销售生产的商品确认销售成本 100 万元，销售原材料确认销售成本 10 万元，本月发生现金折扣 1.5 万元。不考虑其他因素，该企业该月计入其他业务成本的金额为（　　）万元。

A. 100　　B. 110　　C. 10　　D. 11.5

18. 下列日常经营活动涉及的税金中，记入税金及附加科目的是（　　）。

A. “所得税”“增值税”　　B. “城市维护建设税”“教育费附加”

C. “消费税”“增值税”　　D. “印花税”“消费税”

19. 下列各项中，不属于企业期间费用的是（　　）。

A. 固定资产维修费　　B. 聘请中介机构费

C. 生产车间管理人员工资　　D. 企业发生的现金折扣

20. 某企业 2019 年 3 月发生的费用有：计提车间用固定资产折旧 10 万元，发生车间管理人员薪酬 40 万元，支付广告费用 30 万元，计提短期借款利息 20 万元，计提车船税 10 万元。则该企业当期的期间费用总额为（　　）万元。

A. 50　　B. 60　　C. 100　　D. 110

21. 下列各项中，应该通过销售费用科目核算的是（　　）。

A. 销售方发生的现金折扣　　B. 出售固定资产支付的清理费用

C. 销售商品过程中发生的保险费用　　D. 业务招待费

22. 下列各项中，应计入管理费用的是（　　）。

A. 企业管理人员差旅费　　B. 固定资产发生的盘亏净损失

C. 筹建期间资本化的借款利息支出　　D. 生产车间管理人员工资

23. 某企业某月销售商品发生商业折扣400万元、现金折扣200万元、销售折让150万元。该企业上述业务计入当月财务费用的金额为（　　）万元。

A. 400　　B. 200　　C. 150　　D. 350

24. 下列交易或事项，不应确认为营业外支出的是（　　）。

A. 公益性捐赠支出　　B. 无形资产出售净损失

C. 固定资产盘亏净损失　　D. 计提坏账准备

25. 下列交易或事项，应确认为营业外支出的是（　　）。

A. 罚款支出　　B. 无形资产计提减值

C. 固定资产计提减值　　D. 计提坏账准备

26. 2018年5月，甲公司销售商品实际应交增值税38万元、应交消费税20万元，提供运输劳务实际应交增值税15万元；适用的城市维护建设税税率为7%，教育费附加为3%，假定不考虑其他因素，甲公司当月应列入利润表“税金及附加”项目的金额为（　　）万元。

A. 7.3　　B. 38.5　　C. 42.3　　D. 80.3

27. 下列各项中，应计入管理费用的是（　　）。

A. 预计产品质量保证损失　　B. 聘请中介机构年报审计费

C. 专设售后服务网点的职工薪酬　　D. 企业负担的生产职工养老保险费

二、多项选择题

1. 下列各项中，属于费用的有（　　）。

A. 制造费用　　B. 管理费用　　C. 营业外支出　　D. 其他业务成本

2. 企业的营业成本包括（　　）。

A. 主营业务成本　　B. 其他业务成本　　C. 营业外支出　　D. 生产成本

3. 下列项目属于其他业务成本科目核算的内容有（　　）。

A. 出租的无形资产的摊销额　　B. 出租无形资产支付的服务费

C. 销售材料结转的材料成本　　D. 出售固定资产发生的处置净损失

4. 企业日常经营活动涉及的下列各种税金中，应计入税金及附加的有（　　）。

A. 矿产资源补偿费　　B. 增值税　　C. 增值税销项税额　　D. 城市维护建设税

5. 企业日常经营活动涉及的下列各项税金中，应计入税金及附加的有（　　）。

A. 资源税　　B. 消费税　　C. 房产税　　D. 印花税

6. 下列账户中，用来反映和监督产品制造成本发生与变动情况的基本账户有（　　）。

A. “管理费用”　　B. “制造费用”　　C. “财务费用”

D. “生产成本”　　E. “销售费用”

7. 下列税金中，应通过“税金及附加”账户核算的有（　　）。

A. 房产税　　B. 车船税　　C. 消费税

D. 印花税　　E. 土地使用税

8. 下列项目中，应当作为期间费用处理的有（　　）。

A. 捐赠支出　　B. 投资发生的损失　　C. 坏账损失

D. 因管理不善造成的存货损失　　E. 广告费支出

9. 某企业在7月发生的下列经济业务中，属于期间费用的有（　　）。
A. 以银行存款支付广告费用10 000元
B. 本月生产领用包装材料6 000元
C. 支付短期借款手续费2 000元
D. 支付劳动保险费4 000元
E. 支付待业保险费12 000元

10. 企业为扩大销售市场发生的下列费用中，应计入销售费用的有（　　）。
A. 广告费
B. 展览费
C. 专设销售机构办公费
D. 业务招待费

11. 下列各项中，应计入管理费用的有（　　）。
A. 管理不善造成的流动资产净损失
B. 支付金融机构手续费
C. 固定资产盘亏净损失
D. 支付的房产税

12. 下列项目中，可以不计入管理费用的有（　　）。
A. 支付销售部门的办公费
B. 支付退休职工退休金
C. 支付的印花税
D. 提取无形资产减值准备
E. 董事会成员的差旅费

13. 下列各项中，应在发生时直接确认为期间费用的有（　　）。
A. 专设销售机构固定资产的折旧费
B. 业务招待费
C. 管理人员差旅费
D. 车间管理人员薪酬

14. 下列各项中，不应在发生时确认为销售费用的有（　　）。
A. 车间管理人员的工资
B. 投资性房地产的折旧额
C. 专设销售机构固定资产的维修费
D. 预计产品质量保证损失

15. 下列项目中，不计入财务费用处理的有（　　）。
A. 企业销售商品发生的商业折扣
B. 企业销售商品发生的销售折让
C. 企业购买商品获得的现金折扣
D. 企业购买商品放弃的现金折扣

16. 下列各项中，记入财务费用科目借方的有（　　）。
A. 公司发行股票支付的手续费、佣金等发行费用
B. 资本化的借款利息支出
C. 销货企业实际发生的现金折扣
D. 支付银行承兑汇票的手续费

17. 下列各项中，应计入财务费用的有（　　）。
A. 诉讼费
B. 业务招待费
C. 汇兑损失
D. 购货单位享受的现金折扣

18. 下列项目中属于营业外支出的有（　　）。
A. 捐赠现金支出
B. 税收滞纳金支出
C. 利息支出
D. 债务重组损失

19. 下列项目中，属于营业外支出的有（　　）。
A. 固定资产盘亏　B. 非常损失　C. 支付违约金
D. 公益性捐赠　E. 债务重组损失

三、判断题

1. 企业出售固定资产发生的处置净损失属于企业的费用。（ ）

2. 费用是指企业在日常活动中发生的、会导致资产减少的、与向所有者分配利润无关的经济利益的总流出。（ ）

3. 营业成本包括主营业务成本和其他业务成本、税金及附加。（ ）

4. 出租固定资产的折旧额，计入利润表中的营业成本项目。（ ）

5. 企业出售原材料取得的款项扣除其成本及相关费用后的净额，应当计入营业外收入或营业外支出。（ ）

6. 企业自己耗用的低值易耗品的摊销应通过“税金及附加”科目核算。（ ）

7. 制造费用是成本类科目，不是期间费用的核算范围。（ ）

8. 生产车间的办公费用应计入管理费用。（ ）

9. 工业企业为拓展销售市场所发生的业务招待费，应计入管理费用。（ ）

10. 企业取得交易性金融资产时支付的相关税费计入财务费用。（ ）

11. 费用最终会导致企业的所有者权益减少。（ ）

12. 2019 年 11 月 1 日，A 公司收到政府补助 7 000 元，用于补偿 A 公司已经发生的管理部门相关费用和损失，甲公司应冲减管理费用。（ ）

四、业务题

1. **【目的】**练习期间费用的核算。

【资料】西秦股份有限公司 2019 年 11 月发生下列经济业务：

（1）8 日，用银行存款支付业务招待费 900 元；

（2）10 日，用银行存款支付商品展览费 1 800 元；

（3）17 日，采购员李明报销差旅费 200 元，原借款 250 元，余款交回现金；

（4）30 日，预提银行短期借款利息 3 000 元；

（5）30 日，计提固定资产折旧 4 000 元。其中，生产车间 3 000 元，企业管理部门 1 000 元。

【要求】根据上述经济业务，逐一编制有关会计分录。

2.【目的】综合业务题训练。

【资料】西秦股份有限公司 2019 年 3 月发生的业务有：

（1）发生无形资产研究费用 10 万元；

（2）发生专设销售部门人员工资 25 万元；

（3）支付业务招待费 15 万元；

（4）支付销售产品保险费 5 万元；

（5）本月应交纳的城市维护建设税 0.5 万元；

（6）计提投资性房地产折旧 40 万元；

（7）支付本月未计提短期借款利息 0.1 万元；

假设不考虑其他事项。

【要求】

（1）说明（1）~（7）项经济业务应该计入哪项当期损益；

（2）计算该企业 3 月发生的期间费用总额。

3.【目的】综合业务题训练。

【资料】西秦股份有限公司为增值税一般纳税人，适用的增值税税率为 16%，销售单价均为不含增值税价格，存货均未计提存货跌价准备。2019 年 10 月发生如下业务：

（1）10 月 3 日，向乙企业赊销 A 产品 100 件，单价为 40 000 元，单位销售成本为 20 000 元。

（2）10 月 15 日，向丙企业销售材料一批，价款为 700 000 元，该材料发出成本为 500 000 元。上月已经预收账款 600 000 元。当日丙企业支付剩余货款。

（3）10 月 18 日，丁企业要求退回本年 9 月 25 日购买的 40 件 B 产品。该产品销售单价为 40 000 元，单位销售成本为 20 000 元，其销售收入 1 600 000 元已确认入账，价款已于销售当日收取。经查明退货原因系发货错误，同意丁企业退货，并办理退货手续和开具红字增值税专用发票，并于当日退回了相关货款。

（4）10 月 20 日，收到外单位租用本公司办公用房下一年度租金 300 000 元，款项已收存银行。

（5）10 月 31 日，计算本月应交纳的城市维护建设税 36 890 元，其中销售产品应交纳 28 560 元，销售材料应交纳 8 330 元；教育费附加 15 810 元，其中销售产品应交纳 12 240 元，销售材料应交纳 3 570 元。

【要求】

（1）根据上述（1）~（5）项业务编制相关的会计分录；

（2）计算甲公司 2019 年 10 月发生的费用总额。

（答案中的金额以元为单位；应交税费科目须写出二级和三级明细科目，其他科目可不写出明细科目）

项目七　利　　润

一、单项选择题

1. 下列各项，不影响企业营业利润的项目是（　　）。

A. 劳务收入　　B. 财务费用

C. 出售包装物收入　　D. 出售固定资产净收益

2. 某工业企业2019年度主营业务收入为8 000万元；主营业务成本为6 300万元；其他业务收入为40万元；其他业务成本为20万元；管理费用为100万元，全部为职工薪酬，税法规定的计税工资为80万元；财务费用为20万元；营业外收入为40万元；营业外支出为10万元，其中5万元属于支付的税收滞纳金。所得税税率为25%。假定不考虑其他因素，该企业2019年度的净利润应为（　　）万元。

A. 1 222.5　　B. 1 237.5　　C. 1 216.25　　D. 1 226.25

3. 某工业企业2019年度主营业务收入为5 000万元，主营业务成本为2 780万元，销售生产用原材料确认收入50万元，结转成本30万元，财务费用为20万元，营业外收入为20万元，营业外支出为10万元，所得税税率为25%。假定不考虑其他因素，该企业2019年度的净利润应为（　　）万元。

A. 1 680　　B. 1 665　　C. 1 672.5　　D. 1 687.5

4. 某企业2019年度的利润总额为1 000万元，其中包括本年收到的国库券利息收入20万元；假定业务招待费税法规定的扣除标准为400万元，企业全年实际发生的业务招待费为350万元，企业所得税税率为25%。该企业2019年所得税费用为（　　）万元。

A. 250　　B. 232.5　　C. 245　　D. 257.5

5. 某企业2019年度利润总额为500万元，其中国债利息收入为15万元。当年按税法核定的业务招待费为300万元，实际发生的业务招待费为310万元。假定该企业无其他纳税调整项目，适用的所得税税率为25%。该企业2019年所得税费用为（　　）万元。

A. 125　　B. 121.25　　C. 123.75　　D. 126.25

6. 下列各项，不影响企业营业利润的项目是（　　）。

A. 商品销售收入　　B. 劳务收入

C. 让渡资产使用权收入　　D. 营业外收入

7. 某企业2019年度实现利润150万元，业务招待费实际支出50万元，按税法规定计算的业务招待费60万元，该企业所得税税率为25%。2019年企业应交所得税为（　　）万元。

A. 25　　B. 35　　C. 37.5　　D. 40

8. 某企业4月30日“本年利润”账户贷方余额为160 000元，该余额表示（　　）。

A. 1 ~4 月累计利润总额　　B. 4 月利润总额
C. 4 月应付利润总额　　D. 4 月投资收益总额

9. 企业按规定向投资者的分配利润时，应借记的账户是（　　）。
A. “利润分配——应付现金股利和利润”　B. “利润分配——未分配利润”
C. “应付利润”　　D. “本年利润”

10. 下列事项中，应通过“利润分配”账户核算的有（　　）。
A. 应交消费税　　B. 向投资者分配利润
C. 应交所得税　　D. 应交增值税

11. “利润分配”账户年末借方余额表示（　　）。
A. 本年未分配的利润金额　　B. 本年发生的亏损金额
C. 历年积存的利润金额　　D. 历年积存的未弥补亏损金额

12. 某企业在年终结转前“本年利润”账户有贷方余额 200 000 元，“利润分配”账户有借方余额 100 000 元，年终结转后该企业有（　　）。
A. 未弥补亏损 100 000 元　　B. 未弥补亏损 300 000 元
C. 未分配利润 100 000 元　　D. 未分配利润 300 000 元

13. 某企业 2019 年年初未分配利润的贷方余额为 2 000 000 元，本年度实现的净利润为 1 000 000 元，按 10% 提取盈余公积。假定不考虑其他因素，该企业 2019 年年末未分配利润的贷方余额是（　　）元。
A. 900 000　　B. 2 900 000
C. 3 000 000　　D. 3 100 000

14. 企业以盈余公积弥补亏损，应贷记的账户是（　　）。
A. “盈余公积”　B. “本年利润”　C. “资本公积”　D. “利润分配”

15. 企业以盈余公积弥补亏损应做的会计处理是（　　）。
A. 借：盈余公积
　　贷：利润分配
B. 借：利润分配
　　贷：盈余公积
C. 借：盈余公积
　　贷：实收资本
D. 借：盈余公积
　　贷：资本公积

16. 损益类账户在期末结账后，应（　　）。
A. 保留借方余额　　B. 保留贷方余额
C. 无余额　　D. 有借（或贷）方余额

17. 在企业盈余公积金已达到（　　）的 50% 时可不再提取。
A. 资产总额　B. 所有者权益　C. 注册资金　D. 资本公积金

二、多项选择题

1. 会计期末结转本年利润的方法主要有（　　）。
A. 表结法　B. 账结法　C. 品种法　D. 分批法

2. 下列各项中，需调整增加企业应纳税所得额的项目有（　　）。
A. 已计入投资收益的国库券利息收入
B. 已超过税法规定扣除标准，但已计入当期费用的业务招待费

C. 支付并已计入当期损失的各种税收滞纳金

D. 未超标的业务招待费支出

3. 下列各项损益中，会计上和税法上核算不一致，需要进行纳税调整的项目有（　　）。

A. 超标的业务招待费　　B. 国债利息收入

C. 公司债券的利息收入　　D. 公司债券转让净收益

4. 下列各项，影响当期利润表中净利润的有（　　）。

A. 对外捐赠无形资产　　B. 确认所得税费用

C. 固定资产盘亏净损失　　D. 固定资产出售利得

5. 下列各项，影响企业利润总额的有（　　）。

A. 管理费用　　B. 财务费用　　C. 所得税费用　　D. 商品的销售成本

6. 下列各项中，影响营业利润的项目有（　　）。

A. 营业外收入　　B. 公允价值变动损益

C. 资产减值损失　　D. 所得税费用

7. 下列各项中，影响企业营业利润的有（　　）。

A. 处置无形资产净收益　　B. 出租包装物取得的收入

C. 接受公益性捐赠利得　　D. 经营租出固定资产的折旧额

8. 下列项目中，作为当期营业利润增加项目的有（　　）。

A. 销售方负担的运费　　B. 转让股权投资获得的收益

C. 出售材料的收入　　D. 取得的罚款收入

9. 下列账户的余额，期末应结转到“本年利润”账户的有（　　）。

A. “营业外收入”账户　　B. “营业外支出”账户

C. “投资收益”账户　　D. “管理费用”账户

10. 下列项目中，构成企业营业利润项目的有（　　）。

A. 经营期间的汇兑损益　　B. 主营业务收入

C. 其他业务收入　　D. 罚款净收入

E. 固定资产盘盈净额

11. 下列项目中，影响企业营业利润的有（　　）。

A. 投资收益　　B. 主营业务成本　　C. 销售费用　　D. 所得税

E. 管理费用

三、判断题

1. 企业出售不动产计算应交的增值税应直接计入营业外支出科目。（　　）

2. 企业盘亏现金的净损失，应计入营业外支出。（　　）

3. 某企业 2019 年年初有上年形成的亏损 25 万元，当年实现利润总额 10 万元，所得税税率为 25%。则企业 2019 年需要交纳企业所得税 2.5 万元。（　　）

4. 应纳税所得额是在企业税前会计利润（即利润总额）的基础上调整确定的。应交所得税 = 应纳税所得额 × 所得税税率。（　　）

5. 企业获得的捐赠利得应该计入营业外收入中，影响利润总额。（　　）

6. 表结法下，每月月末均需编制转账凭证，将在账上结计出的各损益类科目的余额结转入本年利润科目。（ ）

7. 企业采用账结法结转本年利润的，年度内每月月末损益类科目发生额合计数和月末累计余额无须转入本年利润科目但要将其填入利润表，在年末时将损益类科目全年累计余额转入本年利润科目。（ ）

8. 所得税是企业根据应纳税所得额的一定比例上交的一种税金。应纳税所得额是在企业税前会计利润（即利润总额）的基础上调整确定的。（ ）

9. 企业计算所得税费用时，应该用当期所得税加上递延所得税资产本期发生额，减去递延所得税负债本期发生额。（ ）

10. 企业发生的亏损可用下一年度税后利润弥补。（ ）

四、计算题

1. 西秦股份有限公司为增值税一般纳税人，适用的增值税率为16%，所得税率为25%，采用资产负债表债务法核算所得税。该企业2019年度有关资料如下：

（1）本年度内发出产品10 000件，其中对外销售9 000件，其余为在建工程领用。该产品成本每件为12元，销售价格每件为20元。

（2）本年度内计入投资收益的债券利息收入为40 000元，其中，取得国债利息收入为3 500元。

（3）本年度内发生管理费用50 000元，其中，业务招待费20 000元。按税法规定可在应纳税所得额前扣除的折旧费用为15 000元，业务招待费5 000元。

（4）本年度内接受现金捐赠3 000元（计入当期营业外收入）。假定不考虑其他因素。

【要求】计算该企业2019年利润表中下列有关项目的金额：

（1）营业利润；

（2）利润总额；

（3）所得税费用；

（4）净利润。

2. 甲企业2019年度利润总额为200万元，其中包括本年收到的国债利息收入50万元。该企业适用的所得税税率为25%。

甲企业当年按税法核定的全年计税工资为200万元，全年实发工资为180万元；当年的营业外支出中，有10万元为税收滞纳金支出。除上述事项外，甲企业无其他纳税调整事项。

【要求】

（1）计算甲企业 2019 年度应纳税所得额。

（2）计算甲企业 2019 年度应交所得税额。

（3）计算甲企业 2019 年度实现的净利润。

（4）编制甲企业年末结转“所得税费用”科目余额的会计分录。

（答案中的金额单位用万元表示）

3. 西秦股份有限公司平时采用表结法计算利润，所得税税率为 25%。2019 年年终结账前有关损益类科目的年末余额如下（单位：元）：

收入、利得	结账前期末余额	费用、损失	结账前期末余额
主营业务收入	475 000	主营业务成本	325 000
其他业务收入	100 000	其他业务成本	75 000
投资收益	7 500	税金及附加	18 000
营业外收入	20 000	销售费用	20 000
		管理费用	60 000
		财务费用	12 500
		营业外支出	35 000

其他资料：

（1）公司营业外支出中有 500 元为罚款支出；

（2）本年国债利息收入 2 000 元已入账。

除上述事项外，无其他纳税调整因素。

【要求】

（1）根据表中给定的损益类科目作出结转“本年利润”科目的会计处理。

（2）计算西秦股份有限公司当年应纳所得税额并编制确认及结转“所得税费用”的会计

处理。

（3）计算西秦股份有限公司当年实现的净利润。

五、业务题

1.【目的】练习利润分配的核算。

【资料】西秦股份有限公司 2019 年度发生下列经济业务：

（1）年初未分配利润为 60 万元，本年度实现利润总额 215 万元，该企业适用的所得税税率为 25%。按税法规定本年度准予扣除的业务招待费 10 万元，实际发生的业务招待费 15 万元，假设不存在其他纳税调整项目。

（2）按税后利润的 10% 提取法定盈余公积。

（3）提取任意盈余公积 20 万元。

（4）向投资者宣告分配现金股利 30 万元。

【要求】

（1）计算西秦股份有限公司本年度的应交所得税，并编制相应的会计分录；

（2）编制西秦股份有限公司有关利润分配的会计分录。

2. 【目的】练习本年利润的核算。

【资料】某公司 2019 年全年损益类账户累计发生额如下（单位：元）：

账户名称	借方发生额	贷方发生额
主营业务收入		1 400 000
主营业务成本	980 000	
税金及附加	20 000	
销售费用	25 000	
管理费用	80 000	
财务费用	90 000	
其他业务收入		47 000
其他业务成本	28 000	
营业外收入		12 000
营业外支出	19 000	
投资收益	3 000	
所得税	64 200	

【要求】根据上述账户发生额计算以下指标的金额：

（1）营业利润；

（2）利润总额；

（3）净利润；

（4）期间费用。

3.【目的】练习所得税的核算。

【资料】某企业全年实现利润总额450 000元，本年度营业外支出中有非公益性捐赠支出5 000元、罚款支出3 000元、企业对外投资获投资收益60 000元（被投资企业已缴所得税，且税率相同）。本企业适用的所得税税率为25%。该企业每月已按8 000元预缴了12个月的所得税。

【要求】

（1）计算全年应缴的企业所得税；

（2）计算全年已缴的企业所得税；

（3）计算年终应补缴的所得税（或退回多缴的所得税），并作相应的账务处理。

项目八　财务报告

一、单项选择题

1. 下列属于反映某一时点的会计报表是（　　）。
   A. 资产负债表　B. 利润表　C. 现金流量表　D. 利润分配表
2. 下列会计报表中，属于对内会计报表的是（　　）。
   A. 资产负债表　B. 产品成本表　C. 利润表　D. 现金流量表
3. 反映企业一定时间财务状况的报表是（　　）。
   A. 所有者权益变动表　B. 利润表
   C. 现金流量表　D. 资产负债表
4. 编制资产负债表时所依据的基本等式是（　　）。
   A. 收入 = 支出　B. 资产 = 负债 + 所有者权益
   C. 资产 = 负债　D. 左面 = 右面
5. 资产负债表中资产项目的排列顺序是依据（　　）。
   A. 项目流动性　B. 项目收益性　C. 项目重要性　D. 项目时间性
6. 下列各项中，不属于资产负债表中“货币资金”项目的是（　　）。
   A. 交易性金融资产　B. 银行结算户存款
   C. 信用卡存款　D. 外埠存款
7. 下列资产负债表项目中，直接根据总账科目余额填列的是（　　）。
   A. 应付账款　B. 盈余公积　C. 货币资金　D. 长期借款
8. 下列资产负债表项目中，应根据几个总账科目余额计算填列的项目是（　　）。
   A. 应收账款　B. 实收资本　C. 货币资金　D. 短期借款
9. 编制资产负债表时，下列项目应在流动资产类中单独列示的是（　　）。
   A. 一年内到期的长期负债　B. 一年内到期的长期股票投资
   C. 一年内到期的预计负债　D. 一年内到期的长期债权投资

10. 某企业“应收票据”期末借方余额为 10 000 元，“应收账款”有三个明细账，其中“应收账款——甲企业”明细分类账月末借方余额为 100 000 元，“应收账款——乙企业”明细分类账月末借方余额为 400 000 元，“应收账款——丙企业”明细分类账月末贷方余额为 100 000 元；“预收账款”有两个明细分类账，其中“预收账款——丁公司”明细分类账月末借方余额 55 000 元，“预收账款——戊公司”明细分类账月末贷方余额为 20 000 元；坏账准备月末贷方余额为 3 000 元（均与应收账款相关），则该企业月末资产负债表的“应收票据及应收账款”项目应为（　　）元。

A. 697 000　　B. 717 000　　C. 562 000　　D. 745 000

11. “预付账款”账户明细账中若有贷方余额，应列入资产负债表中的项目是（　　）。

A. 应收票据及应收账款　　B. 预收账款

C. 应付票据及应付账款　　D. 其他应付款

12. 某企业 2019 年 12 月 31 日固定资产账户余额为 2 000 万元，累计折旧账户余额为 800 万元，固定资产减值准备账户余额为 100 万元，在建工程账户余额为 200 万元。该企业 2019 年 12 月 31 日资产负债表中“固定资产”项目的金额为（　　）万元。

A. 1 200　　B. 900　　C. 1 100　　D. 2 200

13. 某企业 2019 年 12 月 31 日“原材料”账户借方余额 300 000 元，“库存商品”账户借方余额 200 000 元，“商品进销差价”账户贷方余额 2 500 元，“生产成本”账户借方余额 70 000 元。资产负债表中“存货”项目的金额为（　　）。

A. 497 500 元　　B. 502 500 元　　C. 567 500 元　　D. 572 500 元

14. 某企业“应付账款”有三个明细账，其中“应付账款——A 企业”明细分类账月末贷方余额为 100 000 元，“应付账款——B 企业”明细分类账月末贷方余额为 400 000 元，“应付账款——C 企业”明细分类账月末借方余额为 100 000 元；“预付账款”有两个明细分类账，其中“预付账款——D 公司”明细分类账月末贷方余额 20 000 元，“预付账款——E 公司”明细分类账月末借方余额为 55 000 元，则该企业月末资产负债表的“应付票据及应付账款”项目应为（　　）元。

A. 400 000　　B. 420 000　　C. 520 000　　D. 555 000

15. 企业年末“本年利润”未结转前贷方余额为 17 万元，“利润分配——未分配利润”账户期初贷方余额为 18 万元，本期分配现金股利 12 万元，则当期资产负债表中“未分配利润”项目金额应为（　　）万元。

A. 35　　B. 23　　C. 5　　D. 17

16. 年度终了前，资产负债表中的“未分配利润”项目，应根据（　　）填列。

A. “盈余公积”科目余额

B. “利润分配”科目余额

C. “本年利润”科目余额

D. “本年利润”和“利润分配”科目的余额

17. 利润表中的“税金及附加”项目不包括的税金有（　　）。

A. 印花税　　B. 车船使用税　　C. 消费税　　D. 增值税

18. 下列各项中，不影响营业利润的项目是（　　）。

A. 已销商品收入　　B. 原材料销售收入

C. 出售无形资产净收益　　D. 股票投资所得收益

19. 某企业 2019 年 2 月主营业务收入为 200 万元，主营业务成本为 120 万元，税金及附加为 10 万元，管理费用为 5 万元，销售费用为 3 万元，制造费用为 4 万元，资产减值损失为 2 万元，投资收益为 15 万元。假定不考虑其他因素，该企业当月的营业利润为（　　）万元。

A. 62　　B. 70　　C. 71　　D. 75

20. 下列各项中，不应在利润表“营业成本”项目列示的是（　　）。

A. 对外出租无形资产摊销额　　B. 对外捐赠支出

C. 对外出售商品成本　　D. 投资性房地产处置成本

21. 某企业2019年主营业务收入科目贷方发生额是2 000万元，借方发生额为退货50万元，发生现金折扣50万元，其他业务收入科目贷方发生额100万元，其他业务成本科目借方发生额为80万元，那么企业利润表中“营业收入”项目填列的金额为（　　）万元。

A. 2 000　　B. 2 050　　C. 2 100　　D. 1 970

22. 下列项目中，不符合现金流量表中现金概念的是（　　）。

A. 企业库存现金　　B. 企业外埠存款

C. 不能随时用于支付的存款　　D. 在3个月内到期的国债

23. 下列会引起经营活动现金净流量增加的业务是（　　）。

A. 从银行取得银行汇票　　B. 用银行本票采购工程物资

C. 从银行取得短期错款　　D. 销售商品收到价款及其增值税

24. 下列会引起投资活动现金流出量增加的业务是（　　）。

A. 从银行取得银行汇票　　B. 用银行本票采购工程物资

C. 归还银行的短期借款　　D. 用银行存款支付应缴纳的所得税

25. 处置固定资产的净损益应归为（　　）现金流量项目。

A. 投资活动　　B. 筹资活动

C. 经营活动　　D. 经营活动或投资活动

26. 下列各项，应在现金流量表“投资活动产生的现金流量”项目中列示的是（　　）。

A. 以经营租赁方式租出固定资产所收到的现金

B. 出售固定资产所收到的现金

C. 以经营租赁方式租入固定资产所支付的现金

D. 以融资租赁方式租入固定资产所支付的现金

27. 下列项目中，属于筹资活动产生的现金流量是（　　）。

A. 收到的租金　　B. 支付的增值税款

C. 取得债券利息收入收到的现金　　D. 吸收权益性投资所收到的现金

28. 下列各项中，会引起现金流量表“经营活动产生的现金流量净额”发生变化的是（　　）。

A. 固定资产的购置与处置　　B. 支付在建工程人员工资

C. 转让股票投资取得的收入　　D. 以现金购买办公用品

29. 下列各项中，不属于现金流量表“经营活动产生的现金流量”的是（　　）。

A. 对外销售商品所产生的现金流量

B. 实际收到应收票据利息收入所产生的现金流量

C. 购买办公用品产生的现金流量

D. 偿还短期借款产生的现金流量

30. 下列各项中，不属于现金流量表“投资活动产生的现金流量”的是（　　）。

A. 支付给提供劳务人员的工资　　B. 支付在建工程人员工资

C. 收到分派的现金股利　　D. 转让无形资产所有权收到的现金

31. 下列各项中，不属于现金流量表“筹资活动产生的现金流量”的有（　　）。

A. 分配股利支付的现金　　B. 清偿应付账款支付的现金

C. 偿还债券利息支付的现金　　D. 清偿长期借款支付的现金

32. A 公司 2019 年购买商品支付 500 万元（含增值税），支付 2019 年接受劳务的未付款项 50 万元，2019 年发生的购货退回 15 万元，假设不考虑其他条件，A 公司 2019 年现金流量表“购买商品、接受劳务支付的现金”项目中应填列（　　）万元。

A. 535　　B. 465　　C. 435　　D. 500

二、多项选择题

1. 按照会计报告编报时间的不同，可将其区分为（　　）。

A. 中期会计报告　　B. 年度会计报告　　C. 单位会计报告　　D. 汇总会计报告

2. 中期会计报告包括（　　）。

A. 月度会计报告　　B. 季度会计报告　　C. 半年度会计报告　　D. 年度会计报告

3. 下列资产负债表项目，应直接根据总账账户的期末余额填列的项目有（　　）。

A. “货币资金”　　B. “应付职工薪酬”

C. “应收票据及应收账款”　　D. “短期借款”

4. 资产负债表所列示的项目有（　　）。

A. “补贴收入”　　B. “固定资产”　　C. “其他流动资产”

D. “销售费用”　　E. “一年内到期的非流动负债”

5. 在资产负债表中，不能根据总账余额直接填列的项目有（　　）。

A. “无形资产”　　B. “存货”　　C. “交易性金融资产”　　D. “短期借款”

6. 资产负债表的格式可分为（　　）。

A. 单步式　　B. 账户式　　C. 多步式

D. 报告式　　E. 财务状况式

7. 下列各会计科目的期末余额，应在资产负债表“未分配利润”项目列示的有（　　）。

A. 应付股利　　B. 盈余公积　　C. 利润分配　　D. 本年利润

8. 在填列资产负债表“一年内到期的非流动负债”项目时，需要考虑的会计科目有（　　）。

A. “应付票据”　　B. “应付债券”　　C. “长期借款”　　D. “应付股利”

9. 下列各项中，应在资产负债表“应付票据及应付账款”项目列示的有（　　）。

A. “预付账款”科目所属明细科目的贷方余额

B. “应收账款”科目所属明细科目的贷方余额

C. “应付账款”科目所属明细科目的贷方余额

D. “应付账款”总账科目贷方余额

10. 下列会计科目中，期末余额反映在固定资产项目中的有（　　）。

A. 在建工程　　B. 工程物资

C. 固定资产减值准备　　D. 累计折旧

11. 下列会计科目的期末余额，应当列入资产负债表“存货”项目的有（　　）。

A. 生产成本　　B. 在途物资　　C. 委托加工物资　　D. 商品进销差价

12. 资产负债表中货币资金项目中不包含的项目有（　　）。

A. “银行本票存款”　　B. “银行承兑汇票”

C. “商业承兑汇票”　　D. “应收股利”

13. 下列资产负债表项目中，应根据有关科目余额减去其备抵科目余额后的净额填列的有（　　）。

A. 应付票据　　B. 交易性金融资产　C. 无形资产　　D. 长期股权投资

14. 资产负债表各项目的“期末余额”栏主要有以下几种填列方法（　　）。

A. 根据总账科目的期末余额直接填列

B. 根据有关科目的余额减去其备抵科目余额后的净额填列

C. 根据明细科目的余额计算填列

D. 综合运用上述填列方法分析填列

15. 编制利润表时，可在利润表内计算填列的项目有（　　）。

A. “营业利润”　　B. “利润总额”　　C. “净利润”　　D. “综合收益总额”

E. “每股收益”

16. 下列各项中，应在企业利润表“营业收入”项目列示的有（　　）。

A. 无形资产出租收入　　B. 对外投资取得的收入

C. 应收票据利息收入　　D. 对外销售商品收入

17. 下列各项中，应列入利润表“资产减值损失”项目的有（　　）。

A. 原材料盘亏损失　　B. 固定资产减值损失

C. 应收账款减值损失　　D. 无形资产处置净损失

18. 下列交易或事项中，属于筹资活动产生的现金流量有（　　）。

A. 发行债券所收到的现金　　B. 取得债券利息收入所收到的现金

C. 借款所收到的现金　　D. 融资租赁所支付的现金

E. 债权性投资所支付的现金

19. 下列交易或事项中，属于投资活动产生的现金流量有（　　）。

A. 取得投资收益收到的现金　　B. 出售固定资产所收到的现金

C. 分配股利所支付的现金　　D. 返还所得税所收到的现金

20. 下列事项中，影响经营活动现金流量的有（　　）。

A. 预收的销货款　　B. 预付购货款

C. 收到存货意外损失的保险赔偿　　D. 支付离退休人员工资

21. 下列不涉及现金收支的投资和筹资活动的项目有（　　）。

A. “以设备偿还债务”　　B. “以存货偿还借款”

C. “以设备对外投资”　　D. “以存货对外投资”

22. 下列属于我国现金流量表中所说的现金项目有（　　）。

A. “银行存款”　　B. “银行汇票存款”C. “外埠存款”　　D. “现金等价物”

23. 下列交易和事项中，不影响当期现金流量的有（　　）。

A. 用产成品偿还短期借款　　B. 固定资产盘盈

C. 发放股票股利　　D. 发放现金股利

24. 在所有者权益变动表中，应列示的项目包括（　　）。

A. 资本公积

B. 其他权益工具

C. 所有者投入资本

D. 会计政策变更和差错更正的累积影响金额

25. 下列各项中，属于附注的主要内容有（　　）。

A. 财务报表的编制基础　　B. 重要会计政策和会计估计

C. 报表重要项目的说明　　D. 会计政策变更的说明

26. 现金流量表中的“支付给职工以及为职工支付的现金”项目包括（　　）。

A. 支付给退休人员的退休金　　B. 支付的在建工程人员的职工薪酬

C. 支付的销售部门人员的职工薪酬　　D. 支付的生产工人的职工薪酬

27. 下列各项中，属于现金流量表中投资活动产生的现金流量的有（　　）。

A. 外购无形资产支付的现金

B. 转让固定资产所有权收到的现金

C. 购买三个月内到期的国库券支付的现金

D. 收到分派的现金股利

28. 下列各项中，属于现金流量表“经营活动产生的现金流量”的有（　　）。

A. 收到债券发行方支付的利息产生的现金流入

B. 支付退休人员工资产生的现金流出

C. 用银行存款偿还应付账款产生的现金流出

D. 缴纳所得税所产生的现金流出

29. 下列交易或事项中，会引起现金流量表“经营活动产生的现金流量净额”发生变化的有（　　）。

A. 支付广告费　　B. 支付借款利息

C. 购入固定资产　　D. 收到返还的税费

三、判断题

1. 资产负债表是反映企业在一定会计期间财务状况的报表。（　　）

2. 企业对外提供的财务会计报告的内容、会计报表种类、格式和会计报表附注的主要内容等，均由企业自行规定。（　　）

3. “应收票据及应收账款”项目应根据“应收账款”账户所属各明细账户的期末借方余额合计，减去“坏账准备”账户中有关应收账款计提的坏账准备，加上“应收票据”期末余额后的金额填列。（　　）

4. 产品成本表属于内部会计报表，故不对外保送。（　　）

5. 根据规定，我国企业的利润表采用多步式格式。（　　）

6. 确认现金等价物的主要标志是购入日至到期日在 6 个月或更短时间内转换为已知现金金额的投资。（　　）

7. 利润表是反映企业经营成果的主要报表。（　　）

8. 财务报表附注是对在资产负债表、利润表、现金流量表和所有者权益变动表等报表中列示项目的文字描述或明细资料，以及对未能在这些报表中列示项目的说明等。（　　）

9. 现金各项目与非现金各项目之间的增减变动，会影响现金流量净额的变动。（　　）

四、计算题

西秦股份有限公司2019年有关资料如下：

（1）本年销售商品本年收到现金3 000万元，以前年度销售商品本年收到的现金600万元，本年预收款项300万元，本年销售本年退回商品支付现金240万元，以前年度销售本年退回商品支付的现金180万元。

（2）本年购买商品支付的现金2 100万元，本年支付以前年度购买商品的未付款项240万元和本年预付款项210万元，本年发生的购货退回收到的现金120万元。

（3）本年分配的生产经营人员的职工薪酬为400万元，“应付职工薪酬”年初余额和年末余额分别为40万元和20万元，假定应付职工薪酬本期减少数均为本年支付的现金。

（4）本年年利润表中的所得税费用为150万元（均为当期应交所得税产生的所得税费用），“应交税费——应交所得税”科目年初数为12万元，年末数为6万元。假定不考虑其他税费。

【要求】根据上述资料，计算下列相关项目：

（1）销售商品、提供劳务收到的现金；

（2）购买商品、接受劳务支付的现金；

（3）支付给职工以及为职工支付的现金；

（4）支付的各项税费。（答案金额单位为万元）

五、业务题

1. **【目的】**练习资产负债表的编制。

【资料】西秦股份有限公司 2019 年 12 月 31 日有关账户期末余额如下：

账户名称	借方余额	贷方余额
应收票据	10 000	
应收账款	50 000	
其中：A 工厂	36 000	
B 工厂		8 000
C 工厂	22 000	
材料采购	3 000	
原材料	100 000	
材料成本差异		500
本年利润		250 000
利润分配	90 000	
生产成本	25 000	
库存商品	60 000	
低值易耗品	7 000	

【要求】根据上述资料，计算该企业 2019 年 12 月 31 日资产负债表中下列项目的金额（列出计算过程）：（1）应收票据及应收账款；（2）存货；（3）预收账款；（4）未分配利润。

2. 【目的】练习资产负债表的编制。

【资料】西秦股份有限公司 2019 年 1 月 1 日有关项目金额分别为：流动资产 120 万元，非流动资产 180 万元，流动负债 50 万元，非流动负债 85 万元，所有者权益 165 万元。该公司 2019 年度发生下列经济业务：

（1）从银行借入长期借款 30 万元，该借款用于生产经营周转。

（2）用银行存款偿还短期借款 3 万元。

（3）用银行存款 5 万元购入一项专利技术。

（4）经股东大会决议，用以前年度未分配利润 10 万元分派现金股利。公司于年末宣告分派现金股利，应付股利尚未支付。

（5）经批准用资本公积 20 万元转增股本。

【要求】计算流动资产、非流动资产、流动负债、非流动负债和所有者权益的年末数。

3. 【目的】练习资产负债表的编制。

【资料】西秦股份有限公司为增值税一般纳税人，适用的增值税税率为 16%。2019 年 11 月 30 日的科目余额（部分科目）如下表所示：

科目名称	借方余额	贷方余额	科目名称	借方余额	贷方余额
银行存款	27 000		短期借款		17 500
交易性金融资产	800		应付账款		10 000
应收账款	20 000		预收账款		25 600
坏账准备		80	应交税费	1 250	
预付账款	3 500		应付利息		3 920
原材料	10 000		实收资本		120 000
库存商品	45 000		资本公积		9 000
债权投资	27 000		盈余公积		5 500
固定资产	64 000		利润分配		4 950
累计折旧		13 000	本年利润		10 000
在建工程	21 000				

假定坏账准备均为应收账款计提。

西秦股份有限公司 12 月份有关资料如下：

（1）本月销售商品不含税售价 25 000 元，增值税额 4 000 元，款项尚未收到。商品成本为 21 000 元；

（2）收回以前年度已核销的坏账 4 800 元；

（3）向承包商支付部分工程款 6 500 元，工程尚未完工；

（4）计提本月管理用固定资产折旧 1 250 元，另用银行存款支付其他管理费用 2 000 元；

（5）购入交易性金融资产，买价 5 000 元，另支付交易费用 60 元（不考虑相关税费），款项用银行存款支付；

（6）本月支付已计提的短期借款利息 3 500 元；

（7）用银行存款偿还短期借款 5 500 元；

（8）发生财务费用 283 元，均以银行存款支付；

（9）公司经过对应收账款风险的分析，决定年末按应收账款余额的 1% 计提坏账准备；

（10）公司所得税税率为 25%，1～11 月的所得税费用已转入本年利润。本月应交所得税为 1199.25 元，已用银行存款缴纳，假定不存在纳税调整事项；

（11）按规定计提的法定盈余公积和任意盈余公积的金额均为 1359.78 元。

【要求】根据上述资料，计算西秦股份有限公司 2019 年 12 月 31 日资产负债表中下列项目的金额（列出计算过程，计算结果出现小数的，均保留小数点后两位小数）：

（1）货币资金；

（2）交易性金融资产；

（3）应收票据及应收账款；

（4）存货；

（5）固定资产；

（6）在建工程；

（7）短期借款；

（8）其他应付款；

（9）应交税费；

（10）资本公积；

（11）未分配利润。

4. **【目的】** 练习利润表的编制。

【资料】 西秦股份有限公司 2019 年度利润表科目本年累计发生额如下表所示：

2019 年度利润表科目本年累计发生额

单位：元

科目名称	借方发生额	贷方发生额
主营业务收入		1 000 000
其他业务收入		500 000
主营业务成本	500 000	
其他业务成本	200 000	
税金及附加	4 000	
销售费用	40 000	
管理费用	180 000	
财务费用	60 000	
资产减值损失	21 800	
投资收益		3 000
营业外收入		80 000
营业外支出	40 080	
所得税费用	134 280	

【要求】 根据上述资料编制西秦股份有限公司 2019 年度的利润表。

编制单位：西秦股份有限公司　　2019 年 12 月 31 日　　单位：元

项目	本期金额
一、营业收入	
减：营业成本	
税金及附加	
销售费用	
管理费用	
研发费用	
财务费用	
其中：利息费用	
利息收入	
资产减值损失	
加：其他收益	
投资收益（损失以“－”号填列）	
其中：对联营企业和合营企业的投资收益	

续表

项目	本期金额
净敞口套期收益（损失以“－”号填列）	
公允价值变动收益（损失以“－”号填列）	
资产处置收益（损失以“－”号填列）	
二、营业利润（亏损以“－”号填列）	
加：营业外收入	
减：营业外支出	
三、利润总额（亏损总额以“－”号填列）	
减：所得税费用	
四、净利润（净亏损以“－”号填列）	
（一）持续经营净利润（净亏损以“－”号填列）	
（二）终止经营净利润（净亏损以“－”号填列）	
五、其他综合收益的税后净额	
（一）不能重分类进损益的其他综合收益	
1. 重新计量设定收益计划变动额	
2. 权益法下不能转损益的其他综合收益	
3. 其他权益工具投资公允价值变动	
4. 企业自身信用风险公允价值变动	
（二）将重分类进损益的其他综合收益	
1. 权益法可转损益的其他综合收益	
2. 其他债权投资公允价值变动	
3. 金融资产重分类计入其他综合收益的金额	
4. 其他债权投资信用减值准备	
5. 现金流量套期储备	
6. 外币财务报表折算差额	
六、综合收益总额	
七、每股收益	
（一）基本每股收益	
（二）稀释每股收益	